Andrea Preißler-Abou El Fadil

Gärtnern nach dem Terra-Preta-Prinzip

Gedruckt auf
100% Recyclingpapier

Andrea Preißler-Abou El Fadil

Gärtnern nach dem Terra-Preta-Prinzip

Praxiswissen für dauerhaft fruchtbare Gartenerde

pala verlag

Inhalt

Faszinierendes Prinzip

Seit einigen Jahren macht mit Terra Preta eine besonders fruchtbare Erde von sich reden: »Nie mehr düngen« dank der »Wundererde« – für Biogärtner und Selbstversorger ein Traum. Dieses Buch will zeigen, was es nach heutigem Wissen mit Terra Preta wirklich auf sich hat und wie wir dieses Wissen im Garten, auf dem Balkon oder im Hinterhof nutzen können. Es soll dazu einladen, Pflanzenkohle-Kompost bzw. ein Terra-Preta-Substrat selbst herzustellen und damit zu gärtnern. Denn auch ohne übertriebene »Heilsversprechen« ist das Gärtnern nach dem Terra-Preta-Prinzip rundum empfehlenswert.

Anfangs beschäftigen wir uns mit der Entstehung und Bedeutung der ertragreichen Schwarzerden und mit der Entdeckung der Terra-Preta-Schwarzerde durch Wissenschaftler und Praktiker. Beide haben mit ihrer Feldforschung das Wissen über die »Zutaten« und eine mögliche Entstehung dieser menschengemachten Schwarzerde geliefert. Allerdings werden wir sehen: Es gibt nicht *den* »Terra-Preta-Code« – also ein allgemein gültiges Rezept, weder für alle historischen Terra-Preta-Böden noch für die heutigen Arbeitsweisen zu deren Nachahmung. Die Böden sind sowohl aufgrund ihrer natürlichen Beschaffenheit als auch aufgrund der regional variierenden Bewirtschaftungsformen durchaus unterschiedlich. Was sie aber alle gemeinsam haben, ist eine außergewöhnliche Fruchtbarkeit. Und was daraus resultiert, ist ein grundlegendes Terra-Preta-Prinzip zur Kompostierung, welches sich in vielen Varianten umsetzen lässt. Um Missverständnisse auszuräumen, sollen an dieser Stelle auch einige Begrifflichkeiten rund um Terra Preta erklärt werden.

Im nächsten Kapitel werden wir verschiedene Methoden zur Herstellung von Pflanzenkohle-Kompost nach Art der Terra Preta kennenlernen, unter Berücksichtigung der jeweils vorhandenen Materialien und Infrastruktur. Denn auch das ist das Schöne am Gärtnern nach

Terra-Preta-Art: Es wird mit den Mitteln gearbeitet, die verfügbar sind, und mit dem Aufwand, den wir leisten können.

Ab Seite 75 wird es ganz praktisch: Wir erfahren, wie selbst gemachtes Schwarzerde-Substrat in Haus und Garten und in dafür geeigneten Mischkulturen verwendet wird. Möglich ist das überall: auf einem Gemüseacker ebenso wie im Kleingarten, im Reihenhausgarten, auf dem Balkon oder im städtischen Hinterhof. Und wir können dabei alleine, als Familie oder in einer Gruppe gärtnern – was und wie wir damit arbeiten, entscheiden wir selbst. Experimentieren ist in jedem Fall ausdrücklich erwünscht.

Damit das Gärtnern nach dem Terra-Preta-Prinzip nachhaltig gelingt, beschäftigen wir uns ab Seite 113 mit den Pflegemaßnahmen und dem Bodenleben, das eine erhebliche Rolle bei der Kompostierung, Humusbildung und dem Humuserhalt spielt.

Am Ende werden wir noch einen Blick auf die vielfältigen Möglichkeiten der Terra Preta werfen und die in diesem Kontext entwickelten Techniken und ihre Auswirkungen für uns betrachten. Pflanzenkohle ist kein Allheilmittel für die globalen Herausforderungen der Zukunft, aber es hat ein großes Potenzial, um mit zur Lösung zahlreicher Probleme beizutragen. Dabei geht es um weit mehr als nur um Bodenfruchtbarkeit.

Selbst gemachtes Schwarzerde-Substrat lässt sich überall verwenden: im Garten, auf dem Balkon und der Terrasse oder im Hochbeet mitten in der Stadt.

Prolog

Dona Francisca sitzt in Peter Adlers Film »Terra Preta – Das schwarze Gold des Amazonas«, produziert von MDR und Arte, auf ihrer Veranda und erzählt Wissenschaftlern der brasilianischen Bodenbehörde, wie sie vor sieben Jahren begonnen hat, ihr Land am Rio Urubu, einem Nebenfluss des Amazonas, zu bebauen. »Es ist der beste Ort, an dem ich je in Amazonien gelebt habe. Von hier gehe ich nie mehr weg«, schwärmt sie. Jahr für Jahr erntet sie roten Mais, Maniok und jede Menge Gemüse in bester Qualität, und das, ohne jemals ihren Boden zu düngen.

Unweit von Manaus rodet Antonio mühsam Bäume. Er ist einer der vielen Wanderarbeiter, die vom brasilianischen Staat Land am Rande von Erschließungsstraßen in den Regenwald erhalten. »Esperanza«, Hoffnung, nennt er die sieben Hektar große Plantage, auf der er seine mitgebrachten Bananenschösslinge pflanzen will. »Eine gut gepflegte Bananenstaude, hat mir ein Experte gesagt, gedeiht mit Kunstdünger zehn Jahre. Ohne Dünger geht sie ein«, erzählt er. Kunstdünger kann er sich als armer Mann jedoch nicht leisten und die Asche aus der Brandrodung düngt den Boden nur wenige Jahre. Dann wird Antonio wohl weiterziehen.

Für die Bodenkundler ist der Fall klar: Antonio versucht sein Glück auf dem für tropische Regenwälder typischen sandigen Latosol, ein durch ganzjährig hohe Temperaturen und Niederschläge ausgewaschener, verwitterter Boden. Die rötliche bis gelbliche Farbe ist ein Indikator für Eisen- oder Aluminiumoxide aus tieferen Bodenschichten. Eine rundum üppig wachsende Biomasse ist zwar reichlich vorhanden, zersetzt sich aber in diesem Klima so schnell, dass im ausgelaugten Oberboden kaum Humus entstehen kann. Ganz anders ist der Boden bei Dona Francisca: Sie lebt auf »Terra Preta« – das bedeutet auf Portugiesisch »Schwarze Erde« …

Die fruchtbarsten Böden der Welt: Schwarzerden

Natürlich entstandene Schwarzerden

Schwarzerden oder Tschernosem (von russisch *tschernosjom*) zählen zu den weltweit fruchtbarsten und wertvollsten Ackerböden. Sie bildeten sich in einem halbtrockenen, kontinentalen Klima im raschen Wechsel heißer Sommer und sehr kalter Winter in den Steppenlandschaften der nördlichen Hemisphäre wie der Eurasischen Steppe (südliche Ukraine, Südrussland und Kasachstan) und den nördlichen Great Plains bis Kanada. Typisch ist eine grasreiche Vegetation auf kalkreichem, lockerem Ausgangsmaterial.

Eine Schlüsselfunktion bei der Entstehung der fruchtbaren Böden hatten Herden von Wiederkäuern, die durch die Steppenlandschaft wanderten. Regelmäßiges Abweiden und die Ausscheidungen der Tiere regten die Gräser an, nachzuwachsen und reichlich Wurzelmasse zu bilden. Eine reiche und vielfältige Bodenfauna zersetzte dieses organische Material, verteilte es im Boden und förderte damit den Aufbau einer mächtigen Humusschicht mit der für diese Böden charakteristischen schwarzen Färbung.

Solche humushaltigen Oberböden entstanden auf den Löss-Ablagerungen nach dem Ende der letzten Eiszeit vor etwa 12 000 Jahren. Die

◀ Ein hoher Humusgehalt sorgt bei den natürlich entstandenen Schwarzerdeböden für die charakteristische Färbung. In Österreich sind die fruchtbaren Böden im Burgenland zu finden.

bedeutendsten, nämlich ein Viertel der weltweiten Schwarzerdevorkommen, befinden sich in der Ukraine. In Deutschland gibt es wesentlich kleinere Gebiete in der Magdeburger und Hildesheimer Börde, am Niederrhein, in Rheinhessen sowie im Thüringer Becken; in Österreich im Weinviertel und im nördlichen Burgenland. Als vor rund 7500 Jahren die ersten jungsteinzeitlichen Bauern über den Balkan nach Mitteleuropa einwanderten, siedelten sie vorzugsweise auf diesen ergiebigen Böden. Ihre Kultivierung verhinderte eine weiträumige Bewaldung, als das Klima in Europa feuchter wurde. Durch (Brand-)Rodung und Waldweide entstanden völlig neue Lebensräume mit Äckern, Weiden und Heidelandschaften. Auf anfangs noch grünlandähnlichen Äckern mit Ackerwildkräutern von ungereinigtem Saatgut aus den Regionen des Fruchtbaren Halbmonds im Vorderen Orient entwickelte sich eine neue, artenvielfältige Vegetation auf diesen Böden. Mit Fortschreiten der Landwirtschaft folgte auf die ursprüngliche Einfelderwirtschaft im Laufe der Jahrhunderte Zweifelder-, Dreifelder- und Vierfelderwirtschaft mit Brache und Düngung mit Stallmist. Diese Böden wurden mit Ausnahme einer Zwischenzeit vom Ende der Römerzeit bis ins frühe Mittelalter, in der wieder der Wald dominierte, fast immer bewirtschaftet.

Schwarzerdeböden sind aufgrund ihres beachtlichen Humusgehaltes gut durchlüftet, leicht erwärmbar und besitzen eine sehr hohe Wasserhaltekapazität und Wasserleitfähigkeit. Diese Eigenschaften machen sie bei guter Pflege äußerst ertragreich. Durch intensiven Ackerbau wurde der Humus dieser Böden jedoch stark abgebaut. Einseitige Monokulturen, Mineraldüngung und die schweren Landmaschinen einer seit Mitte des 20. Jahrhunderts industrialisierten Landwirtschaft haben Erosion, Versalzung und Bodenverdichtung zur Folge. Auch durch Schadstoffbelastung und voranschreitende Flächenversiegelung sind viele Schwarzerdeböden stark gefährdet.

Schwarzerden von Menschenhand

In den 1960er-Jahren entdeckten Archäologen in Brasilien am Zusammenfluss von Amazonas, Rio Negro und Rio Madeira Spuren vorkolumbianischer Zivilisationen. Zu ihrer Überraschung stießen sie dabei auf meterdicke Schichten einer außerordentlich fruchtbaren, tiefschwarzen Erde. Mittlerweile sind in Mittel- bis Südamerika mehrere Zehntausend Gebiete mit 20 bis 350 Hektar großen, zumeist nahe an Flussufern gelegenen Flächen dieser sogenannten Terra Preta bekannt. An manchen Fundorten sind die Schichten bis zu zwei Meter dick. Terra Preta weist einen deutlich höheren Gehalt an Stickstoff und Phosphor auf als der umliegende Urwaldboden und enthält etwa zehn bis 20 Prozent organischen Kohlenstoff. Zum Vergleich: Humusreiche Gartenböden erreichen einen Wert von etwa fünf Prozent organischen Kohlenstoff, Wiesen- und Ackerböden teils nur noch unter zwei Prozent! Bodenproben zeigen, dass die Terra-Preta-Böden 2000 bis 8000 Jahre alt sind.

Diese Schwarzerden sind eindeutig anthropogen, das heißt durch menschlichen Einfluss entstanden. Charakteristisch für die Terra-Preta-Fundstellen ist stets das Vorkommen von Tonscherben, teilweise von 8000 bis 12 000 Gefäßen pro Hektar. Es liegt auf der Hand, dass die Ureinwohner durch eine ganz besondere Art der Landwirtschaft und Lebensweise einen nachhaltigen Humusaufbau betrieben haben müssen. Die genauen Abläufe sind nicht dokumentiert, denn die ursprüngliche Bevölkerung wurde bis auf wenige Ausnahmen bereits in den ersten Jahrhunderten der europäischen Kolonisierung ausgelöscht. Und da sie keinerlei schriftliche Aufzeichnungen hinterlassen hat, basiert unser Wissen über ihre Wirtschaftsweise heute auf Hypothesen, gestützt durch Feldforschung in Dörfern heute lebender südamerikanischer indigener Bevölkerung und durch zahlreiche Experimente zum Nachbau von sogenannter Terra Preta Nova.

Besonderheiten der Terra Preta

Das Erstaunlichste an der Terra Preta ist ihre scheinbar nicht endende Fruchtbarkeit. Als dies bekannt wurde, begannen Geschäftemacher, diese Erde zu vermarkten, und räumten ganze Gebiete aus, bis die brasilianische Regierung ein Exportverbot für das sogenannte »Schwarze Gold Amazoniens« erließ. Vielerorts wuchs die abgebaute schwarze Erde nach wenigen Jahren wieder nach, es bildeten sich neue Humuskomplexe im Boden. Wissenschaftler vermuten, dass dies auf die kontinuierliche Zufuhr organischer Materialien und ein gut funktionierendes Bodenleben zurückzuführen ist – Faktoren, die auch an der Entstehung natürlicher Schwarzerdeböden wesentlich beteiligt sind. Hieraus ergibt sich für alle, die Schwarzerde-Substrat selbst herstellen wollen, bereits eine wichtige Schlussfolgerung: Solange immer wieder organisches Material zugefügt wird, zum Beispiel durch Mulchen und immer begrünten Boden, und ein intaktes Bodenleben inklusive Bakterien und Bodenpilze im Zusammenspiel mit den Pflanzenwurzeln vorhanden ist, bleibt der Boden regenerierfähig und fruchtbar.

Aber welche Bestandteile und welche Prozesse waren an der Entstehung von Terra Preta beteiligt? Der Bodenkundler Bruno Glaser und seine Kollegen aus Brasilien und den USA haben an zahlreichen Fundorten die Zusammensetzung von Terra Preta untersucht: Neben Asche, Tierknochen, Fischgräten, Muschelschalen und beträchtlichen Mengen an Holzkohle wiesen sie auch Spuren menschlicher Fäkalien nach sowie Reste von im Wasser lebenden Organismen, vermutlich Algen.

Ergebnisse aus archäologischen Ausgrabungen erlauben uns einige Rückschlüsse zur Bildung von Terra Preta. Ebenso wertvoll sind Forschungen von Morgan J. Schmidt von der Universität in Florida zu den Praktiken in heutigen Dörfern von Indigenen mit traditioneller Lebensweise wie der Kuikuro am Oberlauf des Rio Xingu sowie Eindrücke aus dem Alltag der Ribeirinhos, Bewohner der amazonischen Flussufer mit gemischten indianischen, portugiesischen und afrikanischen Wurzeln.

Die von Menschen gemachten Schwarzerdeböden Amazoniens sind das Vorbild.

Prinzipien aus der Entstehungsgeschichte

Ein charakteristischer und stets reichlich vorkommender Bestandteil, die **Holzkohle,** fällt bei der traditionellen Brandrodung zur Anlage von Waldgärten, sogenannten Roças, an. Sie erfolgt kleinteilig und kontrolliert und ist nicht zu vergleichen mit der heute weitverbreiteten raubbauartigen Brandrodung, die Platz schaffen soll für riesige Plantagen in Monokultur oder zur Gewinnung von Weideland. Außerdem brennen in den indigenen Siedlungen häufiger die ausschließlich aus Holz gebauten Häuser ab, wodurch unfreiwillig ebenfalls viel Holzkohle produziert wird. Neue Häuser werden direkt neben der Brandstätte errichtet. Über den mit **Keramikscherben** durchsetzten Brandresten im so entstandenen »Hinterhof« entsorgen die Bewohner **Küchenabfälle,** darunter auch **Knochen, Muschelschalen und Gräten.** Hinter dem Haus befindet sich auch der Ort, an dem die Frauen das Grundnahrungsmittel Maniok verarbeiten, um die darin enthaltene Blausäure zu entfernen. Dazu werden die Knollen gerieben, der Brei anschließend gewaschen und in geflochtenen Schläuchen ausgepresst. Die stärkehaltige Flüssigkeit versickert im kohlegesättigten Boden und mit ihr zahlreiche **Enzyme** und

Bakterien. Diese bewirken zusammen mit wilden **Hefen,** die überall in der Umgebung vorkommen, eine milchsaure Gärung im festgetretenen organischen Material. Das fördert im Anschluss eine rasche Kompostierung. Eine weitere Quelle von **Mikroorganismen** ist »Chicha« - ein in Mittel- und Südamerika weitverbreitetes alkoholisches Getränk, das aus fermentiertem Mais- oder Maniokmehl, Wasser und verschiedenen Früchten zubereitet wird. Chicha wird bei den zahlreich stattfindenden Festen reichlich konsumiert und vor allem bei vielen Gelegenheiten als Trankopfer für die Naturgöttin *Pachamama* (= Mutter Erde) auf den Boden geschüttet: Überall dort, wo er bereits mit Nährstoffen und Kohle angereichert ist, wird er auf diese Weise noch mit fermentierenden Bakterien »geimpft«.

Nach einiger Zeit wird der Arbeitsplatz hinter dem Haus aufgegeben und die Frauen legen auf dem mit organischem Material angereicherten Boden einen Hausgarten an. Dieser wird Teil des »Sítio« - ein kultiviertes Gebiet nahe am Haus der Familie, auf dem fruchttragende Bäume und darunter etagenweise Sträucher, Gemüse und Kräuter wachsen.

Permakultur – sich selbst erhaltende Lebensräume

Der Begriff »Permakultur« beschrieb ursprünglich ein Designkonzept für eine dauerhafte Landwirtschaft (abgeleitet von englisch *permanent agriculture*), das sich am Vorbild eines vielfältigen Ökosystems sowie an altem und neuem Wissen orientiert. Es wurde Mitte der 1970er-Jahre von den Australiern Bill Mollison und David Holmgren entwickelt. Heute wird das Konzept auch in städtischen Lebensräumen umgesetzt. Es reicht von der Bepflanzung von Balkonen über Planungen von Einfamilienhäusern mit Gärten zur Selbstversorgung, die Umgestaltung von hektargroßen ehemaligen Agrarwüsten bis hin zur Organisation von sozialen Gemeinschaften. Das Ziel ist, sich selbst erhaltende und regenerierende Lebensräume und Systeme zu unterstützen, zu entwerfen und aufzubauen, die der Natur und dem Menschen dauerhafte Lebensgrundlagen sichern helfen: ökologisch, sozial und ökonomisch.

Mikroorganismen verwandeln Mais- oder Maniokmehl und Wasser in Chicha, ein alkoholisches Getränk. Als Trankopfer gelangten die fermentierenden Bakterien in den Boden.

Die Fläche wird über viele Jahre permanent kultiviert und die dunkle Färbung der humushaltigen Erde unterscheidet sich deutlich vom Rot des üblichen Regenwaldbodens.

Ebenso ist der lange Zeit für »primitiv« erachtete **Brandrodungsfeldbau** der indigenen Bevölkerung in Wahrheit sehr viel komplexer und auf vielfältige Weise auf die ökologischen Bedingungen abgestimmt. Das Vorgehen ist sehr durchdacht: Zuerst wird ein Stück Wald zur Rodung ausgewählt, unter Berücksichtigung der Entfernung zum Dorf, der vorhandenen Vegetation und der Bodenfruchtbarkeit. Dies entspricht Praktiken, die wir heute aus der Permakultur kennen. Vor dem Ende der Trockenzeit wird die Fläche gerodet, allerdings nicht im Sinne von Kahlschlag. Fruchttragende Bäume sowie Bäume, die als Nutzholz oder Lieferanten von Heilmitteln interessant sind, werden stehen gelassen. Das verhindert Erosion, Austrocknung und Überhitzung des Bodens und das Absterben von bodenstabilisierenden Pilzen, die wir ab Seite 117 noch kennenlernen und die generell eine wichtige Funktion bei der Humusbildung haben.

Das geschlagene Holz wird angehäuft und etwa zwei bis drei Monate zum Trocknen liegen gelassen. In dieser Zeit werden die ersten Knollenfrüchte, in der Regel Süßkartoffeln und Maniok, gepflanzt. Wenig später werden die getrockneten Holzstücke nach und nach angezündet, wobei ein Teil zu Asche verbrennt, die beim Einsetzen der Regenzeit als Dünger fungiert. Ein anderer Teil verkohlt nur und wird mit der Zeit in den Boden eingearbeitet. In dem erwärmten Boden entwickeln sich Maniok und Süßkartoffeln sehr schnell und schaffen als Schattenspender und Bodenbedecker günstige Bedingungen für nachfolgende Kulturen. Dabei werden von jeder Art verschiedene Sorten kultiviert, die unterschiedliche Resistenzen gegen Schädlinge und Wetterextreme besitzen. Das sichert den Ertrag, auch wenn unvorhergesehene Schwankungen bei den Jahreszeiten auftreten oder es zu starken Temperaturunterschieden kommt. Die Anzahl ist erstaunlich: Für Maniok sind zwischen 40 bis 75 Sorten innerhalb nur eines einzigen(!) Dorfes bekannt, ähnliches gilt für Süßkartoffeln und auch für Mais. Dieser Reichtum deutet auf ein hohes Alter der alten amerikanischen Kulturpflanzen hin und somit auch ihrer Anbauweise.

Die frühere Sortenvielfalt von Mais oder Süßkartoffeln lässt sich heute nur noch erahnen.

Zu der horizontalen Vielfalt innerhalb einer Pflanzung gesellt sich mit der Anpflanzung von Mais, Bohnen und weiteren Nutzpflanzen auch eine vertikale Vielfalt, die am Ende wie ein Mosaik aus Pflanzen anmutet. Milpa heißt diese traditionelle Mischkultur, die bis heute in Mittel- und auch in Nordamerika in unterschiedlicher Ausprägung verbreitet ist. (Ab Seite 126 werden wir sehen, wie wir auch in unseren Haus- und Kleingärten mit in unseren Breiten geeigneten Pflanzen eine Milpa anlegen können.)

Während der Vegetationszeit werden einzelne Pflanzen oder Pflanzengruppen innerhalb der Mischkultur intensiv gepflegt, ständig mit Holzasche verschiedener Bäume gedüngt und mit Pflanzenresten gemulcht. Nach ungefähr vier bis fünf Jahren wird der Waldgarten verlassen und wilde Pflanzen und Bäume breiten sich nach und nach wieder natürlich aus. In einer Übergangszeit werden fruchttragende oder Heilmittel oder Nutzholz liefernde Bäume noch genutzt. Irgendwann hat sich der Wald die einstige Pflanzung ganz und gar zurückerobert, während in der Nachbarschaft längst neue Pflanzungen entstanden sind. Frühestens 50 Jahre später wird eine solche Gartenparzelle erst wieder in Kultur genommen. Dieses traditionelle Vorgehen mit einer anschließenden natürlichen Aufforstung durch von Vögeln, Fledermäusen und Säugetieren verbreitete Samen verursacht, anders als die weitverbreiteten großflächigen Brandrodungen zur Anlage von Monokulturen und Weideland, keine Zerstörung des Ökosystems.

Die alten indigenen Siedlungen, größer und zahlreicher als heute und durch ein ausgedehntes Straßennetz miteinander verbunden, wurden lange aufrechterhalten und nach Phasen längerer Abwesenheit wieder besiedelt. Ebenso entstanden neue Siedlungen auf ehemaligen Pflanzungen und umgekehrt. Die ersten Europäer, die entlang der Flüsse in das Innere Amazoniens reisten, berichteten von ausgedehnten bevölkerungsreichen Siedlungen mit einer Fülle von Nahrungsmitteln, die nicht ausschließlich von der Jagd, dem Fischfang und reiner Sammelwirtschaft stammen konnten. Schätzungen über die damalige Bevölkerung

gehen von sechs bis sogar zehn Millionen Einwohnern aus. Nur dank einer offensichtlich sehr intensiven Landwirtschaft konnte eine solche Vielzahl an Menschen ernährt werden.

Das Zusammenleben auf noch dichterem Raum als heute erforderte mit Sicherheit auch ein **Sanitärkonzept,** bei dem menschliche Fäkalien und Urin – deren Spuren in den Terra-Preta-Bodenproben nachgewiesen wurden – auf die eine oder andere Weise mitkompostiert wurden. Dabei musste auch gewährleistet sein, dass sich dabei keine Infektionen in der tropischen Hitze ausbreiten konnten.

Fazit ist: Überall da, wo Menschen auf diese ökologische Art und Weise wirtschafteten, sei es im urbanen Bereich oder auf dem Feld, und vor allem durch die Zumischung von Holzkohle in den Kompost, wurde die in den Tropen übliche Auswaschung der fruchtbaren Bestandteile des Bodens unterbunden. War dieser »Teufelskreis« erst einmal unterbrochen, konnten sich Humusstrukturen entwickeln, in denen Pflanzen üppiger wuchsen, tiefer wurzelten und das Nahrungsangebot auch für die wichtigen Bodenlebewesen erweiterten. Im Zusammenspiel aller Faktoren über einen Zeitraum von Jahrhunderten bis Jahrtausenden entstanden schließlich wertvolle Terra-Preta-Schwarzerden.

Nach diesen Betrachtungen zur Entstehung der Terra Preta und zu den Prinzipien der traditionellen Landwirtschaft der südamerikanischen indigenen Bevölkerung haben wir bereits erste Anregungen erhalten – von der Kompostierung bis hin zu einer ausbalancierten Mischkultur –, die auch bei der Gestaltung und Bewirtschaftung unserer Gärten nützlich sein werden.

◀ Das Wissen über die Entstehung der Terra Preta de índio hilft uns heute beim biologischen Gärtnern mit Pflanzenkohle-Kompost und in Mischkultur.

Definitionen und Begriffe rund um Terra Preta

Wissenschaftler und eine Reihe Praktiker haben sich darauf geeinigt, die Bezeichnung »Terra Preta (de índio)« ausschließlich für die durch menschliche Einwirkung und in Jahrhunderten gewachsenen Schwarzerdeböden Amazoniens zu verwenden. Bei den heute und hierzulande praktizierten Verfahren, die aus der Erforschung dieser uralten Böden entwickelt und an unsere Verhältnisse angepasst wurden, sprechen wir von »Pflanzenkohle-Kompost nach Art der Terra Preta« oder von »neuen Schwarzerden« bzw. »Terra Preta Nova«. Auch dieses Buch folgt dieser Praxis.

Durch menschlichen Einfluss entstandene Schwarzerden werden auch in anderen Teilen der Welt gefunden. Sie sind unter unterschiedlichen klimatischen Bedingungen, aber nach dem gleichen Prinzip der gemeinsamen Kompostierung von Biomasse mit Holzkohle entstanden. Diese Schwarzerden werden fälschlicherweise oft Terra Preta genannt. Ein positives Beispiel für eine eigenständige, neue Namensgebung ist die im niedersächsischen Wendland auf einer mittelalterlichen Siedlungsfläche identifizierte »Nordic Dark Earth«.

»Riedlingsdorfer Schwarzerde« hingegen ist die Bezeichnung für ein nach dem Vorbild der Terra Preta entwickeltes Produkt der Firma Sonnenerde in Österreich. Es handelt sich um eine Fertigerde für die Anwendung im Freien oder in einem Hochbeet. Mittlerweile hat eine Reihe Hersteller unter verschiedensten Namen Substrate nach Art der Terra Preta auf den Markt gebracht, wie zum Beispiel Palaterra® oder Neudorff-Terra Preta BodenAktivator, um nur zwei zu nennen. Auch wenn der Name es manchmal suggeriert, es handelt sich *nicht* um die Original Terra Preta.

Fest steht, dass wir diese uralte Kulturtechnik zu respektieren haben. Sie ist ein Kulturerbe der Menschheit und wird bis heute von einigen wenigen indigenen Völkern wie vor Hunderten Jahren noch praktiziert. Für den Rest der Welt gilt: Es handelt sich um ein freies und offenes Prinzip für alle (»open source«), die damit experimentieren und die

Erfahrungen und »Rezepte« für gute Schwarzerde untereinander teilen wollen! Versuche, die Herstellung von Terra-Preta-Schwarzerde mit einem Patent zu sichern, sind kritisch zu hinterfragen. Patente hätten zur Folge, dass jeder, der nach dem grundlegenden »Terra-Preta-Prinzip« Humusaufbau für kommerzielle Zwecke betreibt, auf juristischem Wege zur Zahlung von Lizenzgebühren gezwungen werden könnte. Private Nutzer sind hiervon allerdings ausgenommen.

Vielfache Bezeichnungen gibt es auch für einen der wichtigsten Bestandteile der Terra Preta, die Holzkohle. Von dem oft verwendeten Begriff »Biokohle« (abgeleitet von englisch *biochar*) sind manche inzwischen abgerückt, da er zur Annahme verführt, ihre Herstellung erfolge nach den Richtlinien des biologischen Landbaus, was nicht der Fall ist. Auch der Begriff »Holzkohle« an sich ist inkonsequent, da außer Stamm- und Astholz auch Grünschnitt, Getreideschalen, Chinaschilf, Papierfaserschlamm und Ähnliches mehr verarbeitet werden. Der Begriff »Pyrolyse-Kohle« benennt lediglich das Herstellungsverfahren. Pyrolyse (von altgriechisch *pyr* = Feuer und *lýsis* = Lösung) bezeichnet das Verschwelen bzw. Verkohlen von organischem Material. Die Kohle entsteht durch thermo-chemische Spaltung organischer Verbindungen bei stark reduziertem Sauerstoffgehalt von unter zwei Prozent und bei Temperaturen zwischen 500 °C und 1000 °C.

Bei dieser Vielfalt der Begriffe verwundert es kaum, dass in einer kritischen Stellungnahme zu Terra Preta, die längere Zeit im Internet kursierte, Terra Preta sogar als Synonym für *biochar* auftauchte. Mittlerweile hat sich hierzulande die Bezeichnung »Pflanzenkohle« durchgesetzt. Der Begriff verdeutlicht die Notwendigkeit einer sinnvollen Verwendung von regional verfügbaren Pflanzenabfällen. Es ist ökologisch nicht sinnvoll, ausschließlich reines Kernholz zu pyrolisieren, was auch vielfältig anderweitig genutzt werden kann. Der Raubbau an Wäldern soll so verhindert werden. Auch in diesem Buch wird im Kontext der Herstellung von Schwarzerde-Substraten nach dem Terra-Preta-Prinzip der Begriff »Pflanzenkohle« verwendet.

Pflanzenkohle macht den Unterschied

Bei unserem Blick auf das Alltagsgeschehen in heutigen indigenen Dörfern (siehe Seite 17) sind wir bereits auf wesentliche »Zutaten« und Indizien für die Entstehungsprozesse eines Pflanzenkohle-Komposts bzw. Schwarzerde-Substrats gestoßen. Nachfolgend werden wir die Eigenschaften und Funktionen einiger dieser Bestandteile betrachten. Sie sind für das Verständnis der Terra-Preta-Technik und ihre praktische Anwendung von Bedeutung und natürlich auch für das Produkt, das wir herstellen wollen. Eventuelle Fragen zu möglichen Gefahren und Nebenwirkungen werden hier ebenfalls angesprochen.

Holzkohle- bzw. Pflanzenkohlepartikel sind sowohl biologisch als auch chemisch nur schwer abbaubar und weisen eine schwammartige Struktur mit kleinen und größeren Hohlräumen auf. Dadurch ist ihre spezifische Oberfläche stark vergrößert: Sie kann bis über 300 Quadratmeter pro Gramm betragen. Dank dieser sehr großen Außen- und Innenoberfläche bietet Holzkohle Bodenmikroorganismen, die sowohl bei der Humusbildung als auch der Pflanzenernährung beteiligt sind, einen Lebensraum. Außerdem kann sie bis zur fünffachen Menge ihres Eigengewichtes an Wasser sowie die darin gelösten Nährstoffe aufnehmen – Terra-Preta-Experten bezeichnen das als »Aufladen« der Kohle. Das macht Pflanzenkohle zu einem für Gartenbau und Landwirtschaft interessanten Nährstoffträger. Die Nährstoffe werden bei der Verwendung von Pflanzenkohle-Kompost wie ein Langzeitdünger verzögert an die Pflanzenwurzeln abgegeben.

Folgendes gilt es aber zu beachten: Im Umkehrschluss darf Pflanzenkohle, die zuvor *nicht* mit Nährstoffen »aufgeladen« wurde, nicht ohne Weiteres in ein zu bepflanzendes oder bereits bepflanztes Beet eingebracht werden! Dort würde sie wie ein Schwamm die Nährstoffe im Boden aufsaugen, während die Pflanzen hungern müssten. Erst wenn die Kohle mit Nährstoffen gesättigt ist, wären diese dann wieder verfügbar. Derartige Fehler sind in der Vergangenheit aus Unkenntnis gemacht worden und haben der Reputation der Terra-Preta-Technik zeitweilig geschadet.

Durch die vielen Hohlräume speichert Pflanzenkohle Wasser und Nährstoffe, wertvolle Bodenmikroorganismen finden darin einen Lebensraum.

Im Gemüse- und Blumenbeet gibt der Pflanzenkohle-Kompost die Nährstoffe dann wie ein Langzeitdünger nach und nach wieder frei.

Claudia Kammann vom Institut für Pflanzenökologie der Justus-Liebig-Universität Gießen hat die Speicherfähigkeit von Pflanzenkohle speziell für Stickstoff untersucht. Ihre Studie belegt, dass es auf Böden mit Pflanzenkohle-Komposten *nicht* zu hohen Nitratauswaschungen ins Grundwasser kommt, wie es bei Düngung mit mineralischem NPK-Dünger, Gülle oder zu hohen Kompostgaben (ohne Pflanzenkohle) vorkommt. Aufgrund ihrer Speicherfähigkeit leistet die Beigabe von Pflanzenkohle bei der Kompostierung somit auch einen wichtigen Beitrag zum Grundwasserschutz, so das Fazit ihrer Studie.

Das Projekt TerraBoGa, von der Arbeitsgruppe Geoökologie der Freien Universität Berlin und dem Botanischen Garten Berlin initiiert, aber auch andere Versuche zeigen, dass Pflanzenkohle ebenso über ein beachtliches Klimaschutzpotenzial hinsichtlich der Kohlenstoff- und Stickstoffeffizienz verfügt: Bei einer Kompostierung ohne Zusatz von Pflanzenkohle gehen ungefähr 50 Prozent des Kohlenstoffs in Form von Kohlendioxid (CO_2) verloren. Durch die Mitkompostierung von Pflanzenkohle kann dieser Verlust trotz der höheren Aktivität der Bodenorganismen auf fast die Hälfte verringert werden. Ähnliches gilt für Stickstoff: Da die Pflanzenkohle Stickstoff fixiert, werden die üblichen Stickstoffverluste während der Kompostierung stark reduziert und dementsprechend gasen weniger Treibhausgase wie Ammoniak (NH_3) und Lachgas (N_2O) aus.

Doch welche Kohle ist für die Herstellung von Schwarzerde-Substraten eigentlich geeignet? Hier hat sich bei zugekaufter Kohle klar Pflanzenkohle aus modernen Pyrolyseanlagen durchgesetzt. Im Vergleich zu Holzkohle aus Produktion in Meilern, wie sie noch vielfach im Ausland existiert, verfügt Pyrolysekohle über einen höheren Kohlenstoffgehalt und ist im Boden stabiler aufgrund der hohen Temperaturen während der Pyrolyse. Ein weiteres Plus ist die Fraktion der Pflanzenkohlepartikel in Form von Staub oder Grus als Ergebnis der Verarbeitung von Holzhackschnitzeln. Diese feine Korngröße eignet sich hervorragend als Komponente für Pflanzenkohle-Kompost.

Holzhackschnitzel können auch zu feinem Pflanzenkohlegrus verarbeitet werden.

Beim Kauf der Pyrolysekohle garantiert das Europäische Pflanzenkohle-Zertifikat (EBC) Qualität und nachhaltige Produktion (mehr dazu auf den Seiten 30 und 33).

Seitdem die Nachfrage nach Pflanzenkohle und Pflanzenkohleprodukten stetig wächst, streben viele neue Hersteller von Pyrolyseanlagen und Hersteller von Pyrolysekohle auf den Markt. Für Verbraucher wie Landwirte, Gartenbaubetriebe und private Gärtnerinnen und Gärtner ist die Situation sehr unübersichtlich geworden, zumal die Eigenschaften der angebotenen Pflanzenkohle unterschiedlich sind. Darum ist ein sicheres Kontrollsystem für die Herstellung und Analyse von Pflanzenkohle wichtig. Dies ist mit den Richtlinien des freiwilligen Europäischen Pflanzenkohle-Zertifikates *(European Biochar Certificate, EBC)* von einem Zusammenschluss von Wissenschaftlern und Ingenieuren, dem *Biochar Science Network,* erarbeitet worden. Mit dem Zertifikat soll die nachhaltige Produktion von Pflanzenkohle sichergestellt und Produzenten die Möglichkeit gegeben werden, gegenüber Kunden die Qualität ihrer Pflanzenkohle nachweisbar zu garantieren.

Neben industriellen Anlagen, die Pflanzenkohle in erster Linie in großen Mengen für den gewerblichen Bereich produzieren, gibt es auch verschiedene Klein- und Kleinstpyrolyse-Anlagen für den Haus- und Gartengebrauch. Im privaten Bereich finden sich auch selbst gebaute Öfen nach diversen Anleitungen aus dem Internet. Die zum Teil sehr

Orientierung und Schutz vor »schwarzen Schafen«

Ein Verzeichnis mit Bezugsquellen für Pflanzenkohle und Pflanzenkohle-Substrate findet sich auf der Internetseite des Fachverbands Pflanzenkohle (Adresse siehe Seite 155). Die Verbandsmitglieder treten für die nachhaltige Erzeugung und Nutzung von Pflanzenkohle ein und verstehen sich als Partner für Wissenschaft, Praxis, technische Anlagenentwickler und politische Entscheidungsträger. Das *European Biochar Industry Consortium (EBI)* bündelt vor allem die Interessen der (Biochar-)Industrie und treibt die Marktentwicklung für die Herstellung und den Einsatz von Pflanzenkohle weiter voran. Ökologische und ethische Standards bei der Entwicklung von Biochar-Projekten werden von der *International Biochar Initiative (IBI)* entwickelt.

einfachen Vorbilder aller Öfen und Anlagen sind in Ländern des globalen Südens im Einsatz, wo Öfen zum Kochen mit getrockneten Bioabfällen entwickelt wurden. Das Prinzip ist wie bei Holzvergaseröfen die Drosselung der Luftzufuhr, damit das Material nur verschwelt. Mit dem aufsteigenden Holzgas wird auf dem Pyrolysekocher gekocht. Wenn zusätzlich Holzkohle produziert werden soll, muss das Feuer rechtzeitig durch komplette Drosselung der Luftzufuhr gelöscht werden. Ob die Öfen optimal arbeiten und schädliche Substanzen wie polycyclische aromatische Kohlenwasserstoffe (PAK, siehe Seite 33) somit vollständig verbrannt werden, kann im Einzelfall schwer beurteilt werden. Zu allen diesen Öfen und Anlagen liegen in der Regel keine PAK-Analysen vor. Daher muss jeder selbst abschätzen, ob er Pflanzenkohle aus solchen Quellen verwenden möchte.

Ein sehr altes und zugleich hochmodernes Prinzip zur eigenen Herstellung von Pflanzenkohle liegt dem Kon-Tiki zugrunde, den es in einer Version aus Edelstahl zu kaufen gibt, der aber auch, mit Effizienzeinbußen, als Erdwerk selbst gebaut werden kann. Entwickelt hat ihn der Terra-Preta-Pionier Hans-Peter Schmidt vom *Ithaka Institute for Carbon Strategies* im Verbund mit internationalen Kollegen. Das Prinzip ist ein rauchloses Feuer. Ernterückstände (Schnitt aus Hecken- und Kulturpflege) werden oben im Kon-Tiki entzündet, damit das Feuer der obersten Schicht das darunterliegende Material erhitzt. Aufgrund der besonderen Form des Kon-Tiki fungiert das austretende Holzgas gleich nach dem Anbrennen als Schutzschild und drosselt die Luftzufuhr, das Feuer selbst erzeugt eine Barriere zur Pyrolysezone. Nach dem Verlöschen des Feuers bleibt Pflanzenkohle übrig, die für die Herstellung von Pflanzenkohle-Kompost noch zerkleinert werden muss.

Manche Praktiker verwenden auch Grillkohle zur Terra-Preta-Kompostherstellung. Dies ist nicht zu empfehlen, sofern sie nicht aus kontrollierter und zertifizierter Produktion stammt! (Das Prüfzeichen DIN EN 1860-2 garantiert zumindest, dass in der Holzkohle kein Pech, Erdöl, Koks oder auch keine Kunststoffe enthalten sind. Das FSC-Siegel des

Forest Stewardship Council zeigt an, dass für die Produktion der Holzkohle kein Tropenwald abgeholzt worden ist und dass das verwendete Holz aus nachhaltiger Waldbewirtschaftung stammt.) Billige Grillkohle kommt zumeist aus nicht nachhaltiger Produktion mit unklarer Herkunft des verwendeten Materials und vermutlich schlechten Umweltbilanzen. Die PAK-Gehalte in solcher Grillkohle können deutlich über den im *EBC* genannten Werten liegen. Im Übrigen ist die grobe Fraktion des Materials für die Herstellung von Pflanzenkohle-Kompost auch nicht geeignet.

Pyrolysekocher für den Hausgebrauch: Sehr trockene Nussschalen, Maisspindeln oder gehäckselte Aststücke verschwelen darin zu Pflanzenkohle. Mit der aufsteigenden (Holz-)Gasflamme lässt sich sogar kochen.

Pflanzenkohle und PAKs

Kritiker des Terra-Preta-Prinzips weisen immer wieder auf Gefahren hinsichtlich einer möglichen Kontaminierung durch polycyclische aromatische Kohlenwasserstoffe (PAK) hin, die als krebserregend gelten und das Erbgut schädigen. Wie bei jeder Verbrennung entstehen auch bei der Pyrolyse diese Stoffe. Mit moderner Pyrolysetechnik können die PAK-Gehalte aber auf das zulässige und unbedenkliche Maß gesenkt werden. Ein Hinweis zur Orientierung beim Kauf von Pflanzenkohle: Das *EBC (European Biochar Certificate)* unterteilt die Pflanzenkohlen in zwei Qualitätsstufen: Für die Qualitätsstufe »basic« müssen die zulässigen PAK-Gehalte unter 12 mg/kg TM liegen und für die Qualitätsstufe »premium« unter 4 mg/kg TM.

Die (freiwilligen) Werte des *EBC* für die Qualitätsstufe »premium« liegen somit noch unter den Vorsorgewerten für organische Schadstoffe nach der Bundes-Bodenschutz- und Altlastenverordnung (BBodSchV) für Böden mit mehr als 8 Prozent Humus. Diese liegen hier bei 10 mg/kg TM. Wer auf Nummer sicher gehen will, sollte die Qualitätsstufe »premium« wählen.

Aber wie hoch ist die Gefahr einer Kontamination mit PAK in Pflanzen einzuschätzen? PAK werden von Pflanzenkohle sehr effizient gebunden (daher wird sie in aktivierter Form, wie auch Aktivkohle, als Luftfilter zur Entfernung von PAK aus Abgasen sowie zur Immobilisierung von PAK in kontaminierten Böden verwendet). Von Pflanzen hingegen werden PAK, wenn überhaupt, nur in äußerst geringem Maße aus dem Boden aufgenommen, sie könnten allenfalls über anhaftende Bodenpartikel Kontakt mit der Oberfläche der Pflanzen bekommen, jedoch nicht in sie eindringen. Wer sich nach dem Einsatz von Pflanzenkohle-Kompost bzw. -Substrat diesbezüglich Sorgen macht, sollte Obst und Gemüse nach der Ernte oder vor dem Verzehr waschen, was ja generell empfehlenswert ist.

Ein Erdtrichter (Kon-Tiki) zur Herstellung von Pflanzenkohle für die Terra-Preta-Produktion (von Rainer Sagawe)

So oder ähnlich kann ein Erdtrichter zur Herstellung von Holzkohle aus lokalem Brennmaterial aussehen. Die Größe des Trichters richtet sich nach der zur Verfügung stehenden Menge. Zu Anfang wird ein Turm aus Kaminholz errichtet und von oben angezündet. Das gewährleistet eine fast rauchfreie Verbrennung. Ist dieses Initialfeuer einmal gezündet, kann alles zur Verfügung stehende, schadstofffreie Holz in die Flammen geworfen werden.

Holzscheite werden aufgeschichtet und von oben angezündet.

Schnittgut lässt sich am besten in einem ovalen Erdtrichter verbrennen.

Von oben wird das Feuer abgelöscht und es bleibt wertvolle Holzkohle zurück.

Soll überwiegend Baum- und Strauchschnitt verarbeitet werden, empfiehlt sich die Anlage eines ovalen Erdtrichters, damit das Material nicht noch einmal zerkleinert werden muss. Es muss ständig nachgeworfen werden, aber mit Gefühl: Die Flammen müssen genug Nahrung erhalten, dürfen aber auch nicht erstickt werden. Wenn erst einmal ein kräftiges Feuer entstanden ist, kann in der Regel immer ordentlich nachgelegt werden, oft lodern die Flammen mehrere Meter hoch in den Himmel. Darum: Bei Anlage des Erdtrichters immer darauf achten, dass der Sicherheitsabstand ringsherum groß genug ist. *Eine vorherige Anmeldung bei der Feuerwehr ist zu empfehlen.*

Wenn das Holz verbraucht und der Trichter voll Holzkohle ist, wird von oben abgelöscht, am besten mit einer Gießkanne mit Brause-Aufsatz. Einen Eimer mit Wasser hineinzugießen ist nicht so wirkungsvoll, da zu viel Wasser auf einmal nach unten läuft und unten ohnehin nichts mehr glüht. Der sich oben entwickelnde Flammenteppich verzehrt allen Sauerstoff und verhindert so, dass die unten entstandene Holzkohle zu Asche verglüht.

Nach Beendigung des Brandes ist zu empfehlen, die Holzkohle herauszuschaufeln und nochmals abzulöschen. So wird vermieden, dass sich nach und nach kleine Glutnester ausbreiten und die wertvolle Holzkohle zu Holzasche verwandeln.

Weitere Zutaten für den Pflanzenkohle-Kompost

Die nachfolgend aufgeführten Komponenten sind weitgehend aus anderen Kompostierungsvarianten her bekannt. Was bei der Herstellung von Kompost im Allgemeinen gilt, kann auch auf Pflanzenkohle-Kompost übertragen werden.

Organische Rohstoffe

Den mengenmäßig größten Anteil in Komposten stellt Biomasse dar, beziehungsweise liefern Rohstoffe lebendigen Ursprungs (im Gegensatz zu anorganischen Rohstoffen wie Minerale). Für die Herstellung von Pflanzenkohle-Kompost sind ausschließlich unbelastete organische Materialien aus der Umgebung eines Hauses, eines Gartens, eines landwirtschaftlichen oder gärtnerischen Betriebes oder einer kleinräumigen Region geeignet. Wichtig ist, dass mit den Materialien keine Schwermetalle oder Schadstoffe in den Kompost und später in den Boden gelangen. Deshalb sollte zum Beispiel kein Hecken- oder Baumschnitt von Straßen mit starkem Verkehr genutzt werden.

In der Küche fallen reichlich organische Abfälle zum Kompostieren an.

Was wir alles verwenden können:

- Putzabfälle von Gemüse, Pilzen und Obst, inklusive zerkleinerter Bio-Eierschalen, Zitrusfrucht- und Bananenschalen unbehandelter Früchte, Kaffee- und Teesatz mit oder ohne Filter/Beutel (bei Kompostwürmern besonders beliebt),
- Trester aus der Wein- und Saftherstellung,
- Stroh,
- Laub (nur kleine Mengen von schwer zersetzbarem Laub wie Eiche oder Walnussbaum),
- Rasenschnitt, frisch oder fermentiert (siehe Seite 43), frei von Pestiziden, Moosvernichtern und anderen Mitteln,
- Heu,
- Wildkräuter (frisch gejätet, bevor sie sich versamen),
- gehäckselter Strauch- und Baumschnitt,
- zerkleinerte welke Schnittblumen, frei von Pestiziden und Schadstoffen,
- Kleintierstreu von Pflanzenfressern aus Sägespänen (nach Gebrauch; kann auch fermentiert werden,
- Stallmist (Geflügel- und Schweinemist aus Ökolandbau sind besonders gut geeignet, auch Kuh-, Schaf-, Ziegenmist und Kaninchendung; Mist von Pferden, die auf herbizidfreier Weide stehen),
- Inhalt von Komposttoiletten (zur Vorbehandlung und Hygienisierung siehe Seite 46).

Wichtig beim Mischen des Komposts ist ein ausgewogenes Verhältnis von kohlen- und stickstoffhaltigen organischen Ausgangsmaterialien (C/N-Verhältnis)! Damit ist das Verhältnis der unterschiedlichen Gewichtsanteile von Kohlenstoff (C) und Stickstoff (N) in den eingebrachten organischen Rohstoffen gemeint.

Strauchhäcksel hat zum Beispiel einen niedrigeren Stickstoffanteil als frischer Gemüseabfall oder Hühnermist – beides kann sich gegenseitig ausgleichen. Ein Zuviel an Stickstoff ist negativ, da dies später im gereiften Kompost und im Boden zu einer Ausgasung der überschüssigen Stickstoffverbindungen in Form von Lachgas oder Methan führt, um das natürliche C/N-Gleichgewicht wiederherzustellen.

Umgekehrt führt zu viel Kohlenstoff zur Ausgasung von Kohlendioxid. Das ideale Gleichgewicht liegt bei 25:1 – also 25 Kohlenstoffanteile im Verhältnis zu 1 Anteil Stickstoff. Zur Orientierung dient die Tabelle auf Seite 150, die das C/N-Verhältnis verschiedener organischer Rohstoffe auflistet. Weitere Einzelheiten zu diesem Thema, das komplizierter klingt, als es tatsächlich ist, ab Seite 52.

Was wir nicht verwenden dürfen:

- Stark gesalzene Speisereste (der Salzgehalt des Humus steigt zu stark an, zu viel Natrium behindert das Pflanzenwachstum),
- Fleischreste und Knochen (locken Ratten an),
- bedrucktes Papier von Zeitschriften und Zeitungen (kann mit Schwermetallen und Chemikalien wie Chlorbleiche belastet sein),
- behandelte Zitrusfrucht- und Bananenschalen (Reste von Pestiziden, werden in professionellen Kompostierungsanlagen bei hohen Temperaturen abgebaut, im Privatbereich werden diese Temperaturen i. d. R. nicht erreicht),
- mit Pilzkrankheiten (Kohlhernie, Monilia, Kräuselkrankheit) und langlebigen Schädlingen befallene Pflanzenteile (Erreger werden nur bei einer Heißrotte von mindestens 55 °C über mehrere Wochen abgetötet, was im Hauskompost in der Regel nicht möglich ist),
- mit Kraut- und Braunfäule befallene Tomaten (können separat getrocknet und dann verbrannt werden; die an Kalium und Calcium reiche Asche kann als Tomatendünger verwendet werden),
- Wurzelunkräuter und stark versamte Beikräuter wie zum Beispiel Franzosenkraut (besser verjauchen).

Grundregeln für das Mischen

Beim Mischen müssen wir darauf achten, eine einseitige Zusammensetzung der Materialien zu vermeiden und ungünstige Eigenschaften von Einzelstoffen auszugleichen. Dabei können wir uns an folgende Grundregel halten: Grünes wird vorzugsweise mit Strohigem gemischt, Nasses mit Trockenem, Frisches mit Altem, Faseriges mit Matschigem. Je kleinteiliger und vielfältiger das Material, desto schneller verläuft der Umwandlungsprozess.

Mineralische Zuschlagstoffe

Dem zu kompostierenden Material können mineralische Zuschlagstoffe beigemischt werden, die in Gartencentern und Gartenabteilungen von Baumärkten erhältlich sind. Sie unterstützen den Kompostierungsprozess und wirken sich positiv auf die Qualität des zukünftigen Substrates aus. Amazoniens Urwaldböden werden übrigens seit Jahrtausenden mit Mineralen gedüngt, die Passatwinde als Staub aus der Sahara über den Atlantik transportieren!

Welche Art von Mineralen in welcher Menge benötigt wird, hängt auch von der Beschaffenheit des Bodens ab, auf den der Pflanzenkohle-Kompost aufgebracht werden soll. Mehr zu den Bodenarten ab Seite 76.

Tonmehl

Bei vorwiegend sandigen Böden ist es ratsam, dem zu kompostierenden Material Bentonit hinzuzufügen. Bentonit ist ein Gemisch aus Tonmineralen, dessen wichtigster Bestandteil Montmorillonit (60 bis 80 Prozent) aus besonders günstigen 3-Schicht-Tonmineralen besteht, die eine hohe Wasseraufnahme- und Quellfähigkeit haben. Weitere Beimischungen können Quarz, Glimmer, Feldspat, Pyrit oder Calcit sein. Da Tonmehle

Bentonit ist gut für sandige Böden.

eine aktive Oberfläche aufweisen, an die sich Nährstoffe anbinden können, schaffen sie ein gutes Milieu für die Mikroorganismen. Sie unterstützen auch die Bildung stabiler Ton-Humus-Komplexe, die für den Aufbau von Humus unerlässlich sind. Bezüglich der beizufügenden Menge sind die Empfehlungen der Hersteller relevant; ein Orientierungswert ist etwa 1 kg pro 100 Liter.

Auch Gesteinsmehle unterstützen die Kompostierung.

Gesteinsmehl

Gesteinsmehle sind Bodenhilfsstoffe, die Pflanzen mit Mineralien und Spurenelementen versorgen. Da sie auch Stickstoff binden und die Mikroorganismen fördern, unterstützen sie ebenfalls den Kompostierungsprozess. Das Gesteinsmehl sollte silikatreich sein (mit einem Anteil über 60 Prozent Siliciumdioxid) und in möglichst feiner Fraktion vorliegen. Gesteinsmehl kann in einer Menge von 5 bis 10 (Volumen-)Prozent dem Kompostmaterial zugegeben werden.

Kalk

Kalk hat im Boden eine säurebindende Wirkung und begünstigt die Aktivitäten des Bodenlebens. Wenn auf Böden mit niedrigem pH-Wert – zum Beispiel in Gärten mit vielen Koniferen – eine Bodenverbesserung gewünscht wird oder wenn der Kompost einen hohen Anteil von Streu und Häcksel aus Nadelbäumen enthält, kann Kalk zugegeben werden. Dies aber nur sparsam: eine kleine Handvoll Kalk auf 1 m^2 einer etwa 10 cm dicken Materialschicht. Folgendes gilt es jedoch zu beachten: Wird in den Komposthaufen Stallmist eingearbeitet, darf Kalk erst beim ersten Umsetzen der Kompostmiete hinzugefügt werden. Bei einer gleichzeitigen Gabe von stickstoffreichem Mist und alkalisch ausgleichendem Kalk wird aus der Stickstoffverbindung Ammonium (NH_4) das flüchtige Gas Ammoniak (NH_3), das in die Atmosphäre entweicht: »Kalk treibt Stickstoff aus!« ist eine alte Gärtnerweisheit.

Bei einem kalkhaltigen Gartenboden oder wenn sich im Kompostmaterial genügend kalkhaltige Materialien wie Eierschalen befinden oder Pflanzenmaterial, das auf kalkhaltigem Boden gewachsen ist, wird in der Regel keine zusätzliche Gabe von Kalk benötigt. Wenn sehr saure Rohstoffe wie zum Beispiel Rinde oder Trester in *nicht übermäßigen* Mengen beigefügt sind, wird kein Kalk benötigt, da sich der pH-Wert im fertigen Kompost immer im neutralen Bereich einpendelt.

Holzasche

Holzasche enthält neben Calcium die Mineralstoffe Kalium, Magnesium und Bor. Da basisch wirkend, ist sie als Hilfsstoff für saure Böden geeignet. Bei der Kompostierung kann die feuchtigkeitsbindende und feinkörnige Holzasche hilfreich sein, wenn die Ausgangsmaterialien sehr feucht und strukturlos sind. Zu bedenken ist, dass Holzasche auch Schwermetalle enthalten kann. In früheren Zeiten wurde Holzasche aus Ofenfeuerung in solchen Mengen in Gärten entsorgt, dass dies mancherorts zu Bodenkontaminationen geführt hat. Holzasche sollte daher nur aus unbehandeltem Holz und in geringen Mengen zugefügt werden: 30 Gramm beziehungsweise 300 ml Holzasche pro 1 m^2 locker verteilen. Kamin- oder Ofenbesitzer können Holzasche auch unter Büsche und Koniferen geben.

Was wir nicht verwenden dürfen:

- Branntkalk (**niemals** in den Kompost, er tötet Regenwürmer und andere für den Zersetzungsprozess wertvolle Lebewesen)
- Katzenstreu (ist, wenn auf der Packung nicht ausdrücklich darauf hingewiesen wird, **nicht** kompostierbar; wenn kompostierbar und bentonithaltig, dann die auf Seite 40 genannte Menge an Tonmehl nicht überschreiten)
- Aschenreste aus Braunkohlen- und Steinkohlenbrand (Belastung mit Schwermetallen, teilweise sogar mit Uran und anderen Schadstoffen)
- Asche von nicht kontrollierter und nicht zertifizierter Grillkohle

Wertvolle Mikroorganismen

Bei unserem »Ausflug« in die indigenen Dörfer (siehe Seite 17) konnten wir feststellen, dass offensichtlich auch Fermentierungsprozesse bei der Entstehung von Terra Preta eine Rolle gespielt haben. Eine Fermentierung erfolgt unter Sauerstoffabschluss und mithilfe von Mikroorganismen wie Milchsäurebakterien und Hefen. Sie wandeln in leicht fermentierbaren Materialien wie Küchenabfällen und Grasschnitt den Restzucker in Milchsäure um. Der pH-Wert des Materials sinkt dabei auf einen Wert bis 4 oder darunter. Das saure Milieu hat eine keimtötende und konservierende Wirkung. Daher wird die Milchsäuregärung auch vielfach im Lebensmittelbereich (Sauerkraut) und in der Landwirtschaft zur Silage von Futtermitteln (Rübenblätter) eingesetzt.

Durch Milchsäuregärung werden Nährstoffe, Vitamine, Antioxidantien und nützliche Enzyme freigesetzt. Dies ist unter anderem auch das Ziel der anaeroben Technik zur Herstellung von Pflanzenkohle-Kompost, die wir neben der aeroben Technik, die mit Zufuhr von Sauerstoff durchgeführt wird, ab Seite 59 näher kennenlernen werden.

Milchsäureproduzierende Mikroorganismen können in Form von möglichst ungesalzenem Sauerkrautsaft zugefügt werden. Ebenso geeignet sind Effektive Mikroorganismen (EM), die zusammen mit einer Anleitung zur Vermehrung und Verwendung im Handel erhältlich sind. Die Mischung enthält Fotosynthese- und Milchsäurebakterien, Hefen, Strahlenpilze und fermentaktive Pilze. Entwickelt wurde sie von dem japanischen Gartenbau-Professor Teruo Higa, der sie mit Garten- und Küchenabfällen zu einem sogenannten »Bokashi« (japanisch = Allerlei) vermischt, das nach abgeschlossener Fermentierung in den Kompost gegeben wird. In Kombination mit Pflanzenkohle entsteht ein Pflanzenkohle-Bokashi.

Der Biologe Jürgen Reckin verwendet eine selbst hergestellte Mikrobenlösung auf der Basis von Heutee und Molkenpulver, mit der er vor allem holziges Kompostmaterial, Pflanzenkohle und Urin »impft« (mehr dazu siehe Seite 64). Heutee enthält den *Bacillus subtilis*. Das sauerstoffliebende, weitverbreitete Bakterium, das in den oberen Bodenschichten und in Komposterde, aber auch im Wasser und in der Luft zu finden ist, hat eine positive Wirkung auf das Bodenleben und die Pflanzen. Es wird auch Heubazillus genannt, da es in einem sogenannten Heuaufguss leicht zu identifizieren ist.

Mithilfe von Effektiven Mikroorganismen aus der Sprühflasche lässt sich organisches Allerlei (Bokashi) unter Sauerstoffausschluss fermentieren.

Mit Sauerkrautsaft, Effektiven Mikrorganismen oder Mikrobenlösung können wir auch frischen Rasenschnitt silieren und aufbewahren, bis wir ihn zum Ansetzen einer Kompostmiete verwenden. Dazu füllen wir das Gras so frisch wie möglich in einen Plastiksack, fügen etwa einen halben Liter Lösung hinzu, pressen den Inhalt luftdicht zusammen und verschließen den Sack sorgfältig. Die noch enthaltene Restluft wird im Laufe der Fermentation verbraucht, wobei sich der Sack noch etwas zusammenzieht. Das Fermentieren verhindert das Verfaulen des feuchten Grases.

Rezept für Heutee

Ein größeres Bündel nicht gedüngtes und ungespritztes, artenvielfältiges Wiesenheu mit einem Stein beschweren und etwa 30 Minuten in Regenwasser ziehen lassen. Dann das Wasser durch ein feines Sieb oder eine Stoffwindel filtern und in einen verschließbaren Kanister füllen. Eine Handvoll Bio-Roh-Rohrzucker als Energiequelle für den Heubazillus sowie eine Prise Meersalz hinzufügen. Den Kanister in der Wohnung, im warmen Gewächshaus oder draußen in der Sonne etwa eine Woche stehen lassen. In dieser Zeit fermentiert der Heutee und riecht anschließend stark nach fermentierter Kräuterbrause. Nach etwa einer Woche, bei kälterem Wetter nach 14 Tagen, ist der Heutee fertig und sollte innerhalb von zwei Wochen verbraucht werden. Er kann unverdünnt für die Mikrobenlösung verwendet werden, ebenso zum Aufladen von Pflanzenkohle und mit Regenwasser verdünnt auch zum Besprühen von Pflanzen und Mulch.

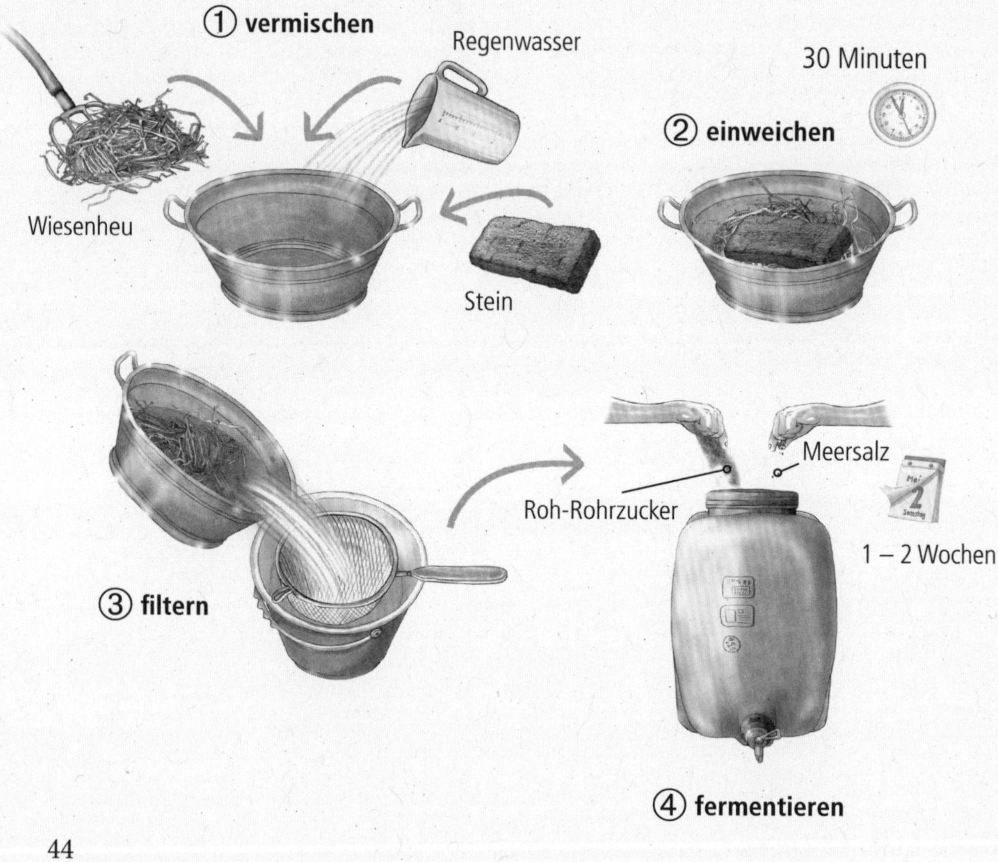

Selbst gemachte Mikrobenlösung mit Bacillus subtilis

Für die Mikrobenlösung 1 Liter abgekochtes und auf Zimmertemperatur gekühltes Wasser mit 15 Gramm Roh-Rohrzucker und 15 Gramm Molkenpulver verrühren und in einen Plastikeimer mit Deckel geben, in dem sich etwa die gleiche Menge Heutee (siehe Rezept auf der Seite gegenüber) befindet. Den Deckel nicht ganz schließen, nur halb festdrücken, damit die Mikroben noch atmen können. Recht schnell vermehren sich die Milchsäurebakterien und Heubazillen, und auf der fruchtig säuerlich riechenden Lösung setzt sich Eiweiß aus der Molke ab. Die optimale Aufbewahrungstemperatur liegt bei 25 °C, höhere Temperaturen ab 38 °C sind auf die Dauer schädlich. Bei Kälte verbleiben die Mikroben in einer Ruhestellung und werden bei steigenden Temperaturen wieder aktiv. Wenn die Lösung bis auf 10 cm Höhe verbraucht ist, kann sie mit der Zucker-Molke-Lösung (siehe oben) wieder aufgefüllt werden. Von Zeit zu Zeit muss auch wieder Heutee zugegeben werden, damit der Bacillus subtilis erhalten bleibt.

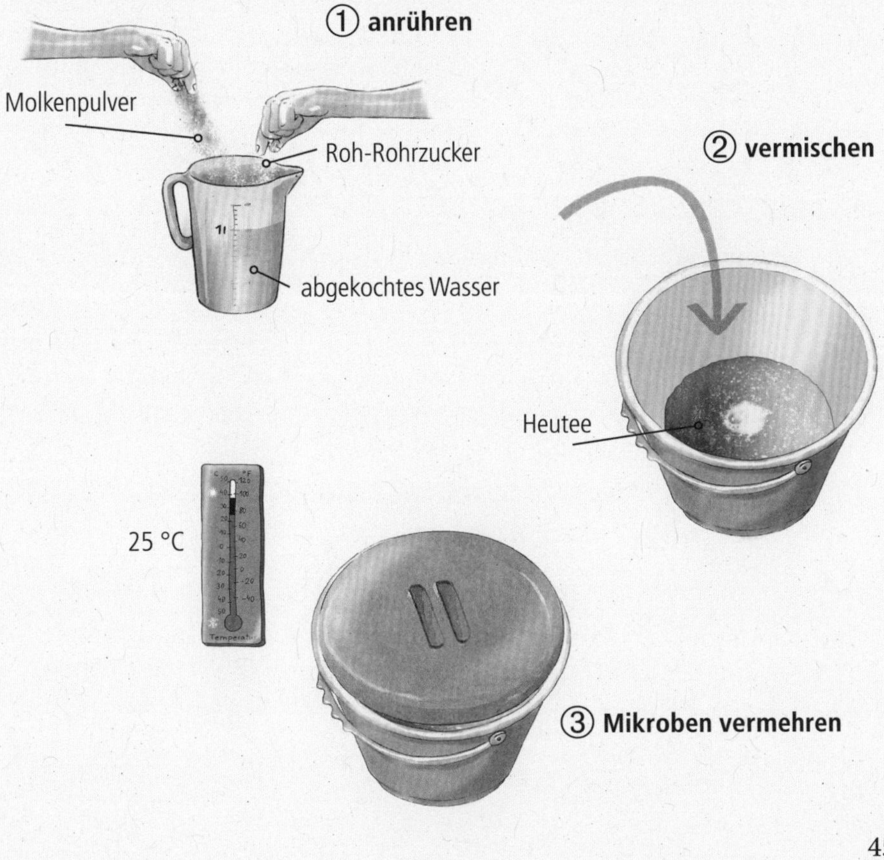

Keine Angst vor Keimen

Generell gilt, dass Mikroorganismen, die Küchenabfälle und Grünschnitt aller Art zersetzen, für Menschen ungefährlich sind. Im Komposteimer finden sich mitunter aber auch Keime, die problematisch werden können. So lohnt es sich, bereits beim Sammeln im Eimer den Küchenabfällen von Zeit zu Zeit eine Prise Pflanzenkohle hinzuzufügen und sie mit der Mikrobenlösung oder Effektiven Mikroorganismen zu besprühen. Das beugt zugleich Gerüchen vor.

Keime können sich auch in Komposttoiletten entwickeln. Daher sollte der Inhalt von Anfang an mit Pflanzenkohle und Milchsäurebakterien behandelt werden. Dafür geeignet sind Trockentrenntoiletten, die als Bestandteil nachhaltiger Sanitärsysteme (NASS) über einen speziellen Aufsatz und separate Kammern verfügen, mit denen Urin und Feststoffe getrennt aufgefangen und weiterbehandelt werden können. Die Trennung von Feststoffen und Urin ist sinnvoll, da der stickstoffhaltige Urin für eine spezielle Rezeptur der Terra-Preta-Technik (siehe Seite 64) oder als Dünger im Garten verwendet werden kann (siehe Seite 71). Die Trennung trägt zudem zur Verminderung übler Gerüche bei, die entstehen, wenn sich Kot und Urin mischen.

Nach jedem »Geschäft« sollten die Feststoffe mit einer Einstreu aus fein geschreddertem Grünschnitt, Sägemehl, Pflanzenkohle, Milchsäurebakterien oder Effektiven Mikroorganismen und etwas Gesteinsmehl abgedeckt werden. Ist der Feststoff-Behälter vollständig gefüllt, wird er zur Fermentierung luftdicht verschlossen. Nach Abschluss der Fermentierung kann der Inhalt in einen Komposter gegeben werden. Ein Beispiel für die Handhabung wird ab Seite 70 beschrieben.

Richtig fermentieren hilft

Den Nachweis einer erfolgreichen Hygienisierung mithilfe von Milchsäurebakterien und Pflanzenkohle hat die Mikrobiologin Monika Krüger an der Universität Leipzig durch Versuche mit infektiösen Fäkalien aus Tierkliniken erbracht. Bei einem fachgerecht verlaufenden Fermentationsprozess von mindestens zwei bis drei Wochen werden sogar krankmachende Keime abgetötet. Das geschieht durch Säuren, die während des Gärprozesses entstehen und den pH-Wert herabsetzen, und die Aktivität antimikrobieller Substanzen *(Bacteriocine).* Sie konnte nachweisen, dass auf diese Weise sogar gefährliche Keime wie Enterobakterien, Staphylokokken, Salmonellen, *Listeria monocytogenes,* EHEC-E. coli und *Clostridium perfringens* unschädlich gemacht werden. Für den Terra-Preta-Praktiker gilt: Wer sorgfältig arbeitet und auf eine korrekte Fermentation der zusammengestellten Materialien achtet, muss keine übertriebene Angst vor Keimen haben.

Schwarzerde nach dem Terra-Preta-Prinzip

Bei der Suche nach dem historischen Vorbild ab Seite 17 haben wir gesehen, wie durch menschliches Tun Terra Preta entstehen konnte und welche Komponenten dazu beigetragen haben: Biomasse, Pflanzenkohle, Enzyme und Bakterien sowie der Faktor Zeit. Nicht nur unter tropischen Bedingungen, sondern auch in unseren gemäßigten Zonen lässt sich aus diesen Komponenten ein der Terra Preta ähnliches Substrat herstellen. Je nach klimatischen Verhältnissen und der vorhandenen Ressourcen und Infrastruktur werden dazu verschiedene Wege eingeschlagen.

Schlüsselelement ist die Zugabe von 10 bis 20 (Volumen-)Prozent Pflanzenkohle, die zunächst mit Nährstoffen angereichert (»aufgeladen«) und später durch langes Verbleiben im Kompost und im Boden biologisch aktiviert wird. Dieser Prozess wird auch Alterung genannt. Mit zunehmender Alterung verbessert sich die Wirkung der Pflanzenkohle sogar noch, indem ihre Oberfläche dauerhaft mit Mineralien besetzt und mit Bakterien und Bodenpilzen besiedelt wird.

Pflanzenkohle-Kompostierung lässt sich auf zweierlei Weise praktisch umsetzen:

- mit **aerober Technik,** bei der unter Sauerstoffzufuhr eine thermische Verrottung erfolgt,
- mit **anaerober Technik,** bei der zuvor unter Luftabschluss eine milchsaure Fermentierung herbeigeführt wird.

◀ Gemüse aus dem eigenen Garten wächst und gedeiht prächtig mit selbst gemachter Pflanzenkohle-Komposterde.

Wie das genau geht und worin die Unterschiede beider Methoden liegen, wird auf den folgenden Seiten erklärt. Beide Techniken haben eine Hygienisierung des Materials zum Ziel, die gefährliche Keime und unerwünschte Samen sowie rhizombildende Wildkräuter abtötet. Bei beiden Prozessen entsteht am Ende eine Pflanzenkohle-Komposterde mit einem hohen Anteil an stabilen Ton-Humus-Komplexen, welche die Voraussetzung für die Humusbildung im Boden sind. Sie lässt sich je nach Reifezustand zur Düngung und zur Bodenverbesserung im Garten oder in Mischungen als Substrat verwenden. Die Unterschiede beider Techniken werden deutlich, indem wir uns die beiden Vorgehensweisen näher anschauen.

Kompostierung mit der aeroben Technik

Pflanzenkohle-Kompostierung mit der aeroben Technik entspricht im Wesentlichen der klassischen Kompostierung von organischem Material wie Rasenschnitt und Küchenabfällen mit höherem Feuchtegehalt, gehäckseltem oder geschreddertem Grünschnitt mit hohem Anteil an holziger Masse und gegebenenfalls Mist. Der Unterschied besteht in der Zugabe von Pflanzenkohle und Mikroorganismen, wenn fermentiertes Material mitverwendet wird.

Alle Materialien werden in einer durchlüfteten Miete (Komposthaufen) gleichzeitig gemeinsam kompostiert. Das bedeutet, das Material wird zunächst gesammelt und zwischengelagert, wofür ausreichend Platz vorhanden sein muss, auch um die Kompostmiete aufsetzen und später daneben umsetzen zu können.

Eine Kompostmiete sollte nicht zu klein sein, da sie sonst zu schnell austrocknet und auskühlt. Das ideale Maß für eine Miete im Garten beträgt 1,50 m Sohlenbreite bei einer Höhe von 1 bis 1,50 m, wobei die Seiten schräg abfallen. Die Länge richtet sich nach dem verfügbaren Material. Die Miete kann in Schichten aufgebaut werden, wobei die Schichten möglichst dünn und abwechslungsreich sein müssen.

Erster Schritt: Aufsetzen der Kompostmiete

Beispiel für eine Schichtung (von unten nach oben)

- Astwerk, Reisig oder Stroh zur Drainage und Luftzirkulation
- gehäckselter oder geschredderter, strukturreicher Grünschnitt
- eine Schicht frischer, silierter oder leicht angewelkter Rasenschnitt und gejätete Wildkräuter
- gehäckselter oder geschredderter Grünschnitt oder Mist
- Pflanzenkohle-Bokashi aus Küchenabfällen (Putzabfälle von Gemüse, Pilzen usw. und kleine Mengen von nur schwach gesalzenen, fleischlosen Essensresten)
- strukturreicheres Material wie Mist oder gehäckselter bzw. geschredderter Grünschnitt (siehe Abbildung Seite 52)

Je nach anfallenden Mengen können die Materialien der mittleren Schichten mehrfach in wechselnden Schichten übereinander aufgebracht werden. Die oberste Schicht wird mit gereiftem Kompost und lehmhaltiger Erde oder Gartenerde mit Tonmehl/Bentonit abgeschlossen.

Jede Schicht wird jeweils dünn mit Gesteinsmehl und mit Pflanzenkohle bestäubt:

- Das Gesteinsmehl (insgesamt 5 kg pro m^3 Kompostmiete) fördert die Kompostierung und hilft, stabile Humuskomplexe zu bilden. Außerdem wird der Kompost mit ausreichend Calcium, Magnesium und Spurenelementen angereichert.
- Die Pflanzenkohle wird mit einem Gesamtanteil von 10 bis 20 (Volumen-)Prozent auf jede Schicht aufgebracht.

In Abständen von 20 bis 25 cm Höhe fügen wir bei sandigem Boden Bentonit hinzu (insgesamt 10 kg pro m^3 Kompostmiete), da diesem Boden der Ton zum Aufbau von Ton-Humus-Komplexen fehlt. Wer einen tonhaltigen Boden hat, kann darauf verzichten, denn mit der Erde, die den gejäteten Wildkräutern anhaftet, gelangt ausreichend Ton in den Kompost.

Noch besser ist es, die hier beispielhaft aufgeführten organischen Materialien (außer Ästen, Reisig und Stroh) zuvor zu mischen und dann locker zu einer Miete aufzuschichten, wobei Astwerk, Reisig oder Stroh wieder die unterste Schicht bilden. Gesteinsmehle und Pflanzenkohle werden wie oben beschrieben den einzelnen Schichten zugegeben.

Der Anteil an feuchten Materialien sollte 20 (Volumen-)Prozent nicht übersteigen, um Sickerwasser zu vermeiden. Wird stark angefaultes Material zugegeben, muss dies mit der gleichen Menge an frischem strukturreichen Material zur Belüftung ausgeglichen werden.

Bei der Zusammenstellung der Materialien dürfen wir auch nicht vergessen, auf ein optimales Verhältnis von kohlenstoff- und stickstoffhaltigen Materialien (C/N-Verhältnis) zu achten (siehe Tabelle auf Seite 150). Dieses sollte zu Beginn der Kompostierung bei 20:1 bis maximal 30:1 liegen. Der Kohlenstoffanteil muss deutlich höher sein als später im Boden, wo ein optimales C/N-Verhältnis bei 10:1 liegt. Allerdings lassen ausschließlich gehäckseltes Material und Rasenschnitt, die einen hohen Kohlenstoffanteil haben, zusammen auch keinen guten Kompost entstehen, wenn nicht gleichzeitig ausreichend stickstoffhaltiges Material (Gemüseabfälle, tierischer Dünger) beigegeben wird.

Ist zu viel kohlenstoffhaltiges Material im Kompost, gast dieser überschüssigen Kohlenstoff als CO_2 aus. Bei zu viel Stickstoff entsteht Ammoniak (NH_3), erkennbar am stechenden Geruch, sodass wertvoller Stickstoff den Kompost verlässt und als Klimagas die Atmosphäre belastet.

Während der gesamten Kompostierung ist es wichtig, die Feuchtigkeit der Miete im Auge zu behalten; optimal sind 40 bis 60 Prozent. Die Kompostmiete hat den richtigen Feuchtigkeitsgehalt, wenn sich das Innere wie ein ausgedrückter Schwamm anfühlt. Am Anfang ist es jedoch vorteilhafter, wenn die Miete etwas trockener ist, da die unverotteten Ausgangsmaterialien noch Feuchte enthalten und nach und nach abgeben. Später müssen wir die Miete von Zeit zu Zeit mit Wasser oder Pflanzenjauche (Rezept siehe Seite 124) begießen, vor allem in langen Trockenperioden und an heißen Tagen.

Schutz vor Sonne und zu viel Regen

Eine Kompostmiete sollten wir aus mehreren Gründen abdecken: In niederschlagsreichen Gegenden schützt die Abdeckung vor zu viel Regen und damit vor dem Auswaschen von Nährstoffen (Sickerwasser), in sonnenreichen, warmen Perioden vor Austrocknung. Als Abdeckung geeignet sind Rasenschnitt, Heu oder Stroh, wenn die Miete unter einer Überdachung steht. Ansonsten sind eine eng geflochtene Bastmatte oder besser ein atmungsaktives Kompostvlies (Gewicht 200 g/m^2), das Regenwasser an der Oberfläche ableitet und den notwendigen Gasaustausch ermöglicht, eine Alternative.

Bei unseren Klimabedingungen häufen sich auch Starkregenereignisse oder Perioden mit Dauerregen: Dann kann der Kompost vernässen, was wir vermeiden sollten, damit sich im inneren und unteren Bereich keine Fäulnis bildet und Bakterien, die Treibhausgase wie Lachgas und Methan produzieren, nicht die Oberhand gewinnen.

Eine zu feuchte Miete müssen wir umsetzen und belüften, was die aeroben Bakterien fördert. Zum Feuchtigkeitsausgleich können wir dabei Heu, Stroh, Laub oder Sägespäne einarbeiten.

Zweiter Schritt: Rotteprozess

Bei der aeroben Pflanzenkohle-Kompostierung durchläuft das Kompostmaterial einen Rotteprozess in drei Phasen:

In der **Abbauphase** (Dauer etwa drei Wochen) kommt es zu einer sehr raschen Wärmeentwicklung, die für die Abtötung von Pflanzenkrankheitserregern, schädlichen Pilzsporen und keimfähigen Pflanzenteilen und Samen wichtig ist. Temperaturen über 45 °C überlebt eine Vielzahl von Bodenlebewesen nicht – zum Beispiel der Kompostwurm *(Eisenia foetida)* und der Rotwurm *(Lumbricus rubellus)*, die vor allem frisches Kompostmaterial lieben –, daher ziehen sie sich zurück. Sie bevorzugen mittlere, nicht extreme Bedingungen. Es überwiegen die wärmeliebenden (thermophilen) Mikroorganismen. Bei weiterer Temperaturzunahme, verursacht durch starke mikrobielle Aktivität, können je nach Material im Innern der Kompostmiete Temperaturen bis 80 °C erreicht werden, was unbedingt vermieden werden sollte. Für nützliche Mikroorganismen sind solche Temperaturen zu heiß, insbesondere für Bodenpilze, die mit ihren Ausscheidungen maßgeblich am Aufbau der Krümelstruktur im Kompost beteiligt sind. Ein Abbau durch biologische Aktivität ist ab solchen Temperaturen nicht mehr möglich.

Optimal sind dagegen Temperaturen um 55 °C über zwei bis drei Wochen oder eine intensive Kurzzeitrotte von einigen Tagen bei etwa 65 °C. Dabei werden die Pilze geschont, Samen und schädliche Bakterien jedoch abgetötet. Um die Temperaturentwicklung zu kontrollieren,

Ein Kompostthermometer hilft, kritische Temperaturen während der Rotte zu erkennen.

verwenden wir am besten ein Kompostthermometer (ab etwa 10 Euro im Handel), eventuell auch ein Backofenthermometer, wenn die Sonde 50 bis 60 cm lang ist, und messen damit die Temperatur im inneren Bereich der Miete, da die Randzonen meist kühler sind. Übersteigt die Temperatur die kritische Höhe, können wir die obersten 40 bis 50 cm des Materials entfernen, um den Hitzekegel aufzulösen. Fällt die Temperatur trotzdem nicht ab, müssen wir die Miete mit Wasser abkühlen, was insofern auch sinnvoll ist, weil das Material bei der Hitze sehr austrocknet.

Wenn alle leicht abbaubaren Substanzen der organischen Rohstoffe (grünes Gewebe) zersetzt sind, gehen die Temperaturen auf etwa 25 °C zurück und es folgt die **Umbauphase** (Dauer etwa vier Wochen), bei der sich die mikrobielle Zusammensetzung in der Miete erneut verändert: Der Kompost wird nun mit Mikroorganismen, die mittlere Temperaturen bevorzugen (z. B. Asseln, Milben und Springschwänze), besiedelt. Diese bauen die höhermolekularen Verbindungen in den organischen Rohstoffen wie Cellulose und Lignin ab.

Danach findet die **Aufbauphase** (Dauer mehr als fünf Monate) bzw. Reifung statt, während der sich der Kompost biologisch stabilisiert. Abbau- und Zersetzungsprozesse lassen immer mehr nach. Unter mäßiger Sauerstoffzufuhr setzt die Humifizierung ein, das heißt, es entstehen Humusverbindungen. Diese bestimmen maßgeblich die Qualität des Kompostes. Während dieser Phase sollten wir das bereits verrottete Material zwar feucht halten, aber nicht matschig werden lassen, damit sich keine Fäulnis bildet. Jetzt wandern Regenwürmer in die Kompostmiete ein, deren Verdauungs- und Grabungstätigkeiten zu einer Vermischung der organischen und mineralischen Bestandteile führen.

Die Abbauphase und der Beginn der Umbauphase werden auch als **Intensivrotte** bezeichnet, das Ende der Umbauphase und die Aufbauphase als **Nachrotte.** Die Miete ist nach der Rotte um etwa die Hälfte zusammengesackt. Durch die Zerkleinerung des Materials und bei der Umsetzung sind die Lufträume verschwunden.

Riecht der Kompost angenehm nach Walderde, ist er reif fürs Gemüsebeet.

Eine Kompostmiete mit Pflanzenkohle erreicht höhere Temperaturen bei der Intensivrotte als eine herkömmliche Kompostmiete, was eine bessere Hygienisierung fördert. Auch der Wasserhaushalt ist ausgeglichener, da die Pflanzenkohle überschüssige Feuchtigkeit aufnimmt und somit eine Vernässung der Miete verhindert. Bei angefaulten oder übel riechenden Ausgangsmaterialien hilft Pflanzenkohle, die schlechten Gerüche zu vertreiben.

Dritter Schritt: Umsetzen der Miete

Nach drei bis sechs Wochen, wenn sich die Miete abgekühlt hat, aber noch in der Umbauphase ist, wird sie erstmals umgesetzt und dabei aufgelockert, belüftet und bei Bedarf befeuchtet. Wird eine Kurzzeitrotte gewünscht, kann nach einer über drei Tage hinweg gemessenen Temperatur um 65 °C die Miete umgesetzt werden. Die oberen Schichten müssen beim Umsetzen nach unten und die unteren nach oben gelangen, desgleichen müssen die äußeren Schichten nach innen gelangen und die inneren Schichten nach außen. Dadurch erreichen wir eine gleichmäßigere und vor allem schnellere Verrottung. Am besten setzen wir die umgesetzte Miete direkt daneben, dadurch kann auf dem ersten Mietenplatz gleich eine neue Miete aufgesetzt werden. Nach dem Umsetzen steigt die Temperatur kurzfristig wieder etwas an. Professionelle Komposthersteller, die mit größeren Mieten arbeiten, setzen diese wöchentlich mit fahrbaren Mietenwendern um. Dadurch steigt die Verrottungswärme mehrfach an, was unter anderem zu einer sehr sicheren Hygienisierung des Materials führt. Bei der privaten Kompostierung wird eine Umsetzung einmal im Monat empfohlen, in der Praxis ist aber insgesamt oft nur ein einmaliges oder zweimaliges Umsetzen zu schaffen.

Vierter Schritt: Fertigstellen des Kompostes

Die aerobe Pflanzenkohle-Kompostierung dauert insgesamt fünf bis acht Monate – abhängig von der Größe, Zusammensetzung und Menge des Kompostmaterials, der darin enthaltenden Feuchtigkeit sowie der

Außentemperatur und der Anzahl vorhandener Kompostwürmer. Bei starker Kälte, Frost und im trockenen Kompost finden kaum Umsetzungsprozesse statt. Wir können den Kompost auch ein ganzes Jahr lang reifen lassen und ihn erst im Folgejahr einsetzen.

Wann der Kompost reif ist, können wir leicht feststellen: Reifer Humus riecht wie Walderde. Um Sicherheit zu haben, können wir einen Kressetest machen: In einen Topf mit reinem Kompostsubstrat säen wir zur Probe eine Schicht Kressesamen. Wenn diese nach spätestens einer Woche gut und gleichmäßig zu einem Teppich keimen, ist der Kompost gut gereift und einsatzbereit.

Bevor wir den fertigen Kompost verwenden, sieben wir ihn. Grobes, beziehungsweise noch nicht verrottetes Material setzen wir der nächsten Miete zu. Dadurch wird der neue Kompost zugleich mit bewährten Bakterien geimpft, die ihn schnell besiedeln und in einen guten Zustand bringen.

Aerobe Technik pro und kontra

+ Vorteile der aeroben Technik: Sie ist relativ einfach zu realisieren, eignet sich gut für größere Mengen von gleichzeitig anfallendem Kompostierungsmaterial bei entsprechend vorhandenem Platz.

– Nachteile der aeroben Technik: Eine Hygienisierung tritt erst bei Temperaturen ab 55 °C ein, die nur erreicht werden, wenn größere Mengen Biomaterial, die nur in Mehrpersonenhaushalten mit ausreichend großem Garten anfallen, kompostiert werden. Die Kompostmiete muss in einem Arbeitsgang aufgesetzt werden. In einem Garten, in dem Gartenabfälle und Küchenabfälle nach und nach und nur in kleinen Mengen anfallen, ist das in der Regel nicht zu schaffen. Es geht zudem viel organisches Material durch Ausgasung verloren, wodurch der Kohlenstoff- als auch der Stickstoffgehalt im Kompost reduziert wird (C- und N-Verluste).

Anaerob fermentieren, dann kompostieren

Bei diesem Verfahren wird zuerst ein Gemisch (Bokashi) aus Pflanzenkohle und pflanzlichen Abfällen sowie gegebenenfalls Mist unter Luftabschluss milchsauer fermentiert. Wie bei der Herstellung von Silage oder milchsäurefermentierten Lebensmitteln werden dabei Enzyme, Proteine und Antioxidantien produziert, die nicht wasserlöslich sind und deshalb am Material gebunden bleiben. Darüber hinaus wird das organische Material bei fachgerechter Fermentation hygienisiert und eine Zeit lang konserviert. Der organische Kohlenstoff und Stickstoff bleibt so während der Fermentation erhalten.

Die nachfolgende Rezeptur ist für die Produktion mittlerer und kleinerer Mengen geeignet, für den Einsatz im Kleingarten, auf dem Balkon oder für das Urban Gardening im Hoch- und Palettenbeet.

Zutaten für den Pflanzenkohle-Kompostansatz mit Fermentierung

- 10 (Volumen-)Prozent Pflanzenkohlegrus/-staub,
- 30 (Volumen-)Prozent leicht zersetzbares organisches Material (Küchenabfälle, Grasschnitt),
- 10 (Volumen-)Prozent zellulosereiches Material (möglichst gut mit Hammerwerk zerspleister Holzhäcksel),
- 40 (Volumen-)Prozent Mist (von wahlweise Pferden, Eseln, Rindern, Schafen, Geflügel),
- 8 (Volumen-)Prozent mineralische Bestandteile (Gesteinsmehl oder Algenkalk oder Bentonit),
- 2 (Volumen-)Prozent Mikrobenlösung (Bio-Sauerkrautsaft, Effektive Mikroorganismen oder Mikrobenlösung nach Jürgen Reckin, siehe Seite 64).

Der Pflanzenkohleanteil kann auch erhöht werden, entsprechend weniger Küchenabfälle und Grasschnitt oder Mist werden dann hinzugefügt. Bei Feldversuchen von Hochschulen wurde nachgewiesen, dass höhere Gaben von Pflanzenkohle – bis zu 20 (Volumen-)Prozent – häufiger bessere Ergebnisse in Bezug auf Pflanzenwuchs und -gesundheit erzielten als niedrigere Gaben oder gar keine. Zudem steigt schneller der Kohlenstoffgehalt im Boden. Zugaben über 20 (Volumen-)Prozent haben jedoch keine Verbesserungen mehr gezeigt. Da der Markt für Pflanzenkohle derzeit noch überschaubar und der Preis entsprechend hoch ist, muss jeder selbst entscheiden, wie viel er hiervon verwenden will.

Erster Schritt: Mischen der Materialien

Wir vermischen alle Zutaten mit Ausnahme der Mikrobenlösung in einer Mörtelwanne, einer Schubkarre oder auf dem Boden. Dann füllen wir die Mischung in ein passendes Behältnis und begießen sie gleichmäßig mit der Mikrobenlösung. Das Behältnis kann ein stabiler Laubsack oder Gartenabfallsack sein, aus dem wir nach dem Befüllen die Luft gründlich herausdrücken.

Wir schließen den Sack durch Zusammendrehen und lagern ihn mit der Öffnung nach unten in einer Mörtelwanne, damit Sickerwasser austreten kann, aber nicht verloren geht. Mit Wasser 1:10 verdünnt, kann es als Flüssigdünger verwendet werden.

Ein undicht gewordener Eimer oder eine undichte Regentonne sind zum Befüllen ebenfalls gut geeignet; sie werden unter gelegentlichem Stampfen bis dicht an den Rand gefüllt. Wir decken die Mischung mit einer Folie ab und beschweren das Ganze mit Steinen. Zum Schluss verschließen wir den Eimer oder die Regentonne mit einem Deckel, den wir nicht ganz zudrücken. Auch hier empfiehlt sich ein Untersatz zum Auffangen des Sickerwassers.

Holzhäcksel, Gemüseabfälle und Grasschnitt werden mit Mist und Ton- oder Gesteinsmehl gemischt, abgefüllt und mit der Mikrobenlösung begossen. Luftdicht verpackt, fermentiert der Kompostansatz über mehrere Wochen.

Zweiter Schritt: Fermentieren

Das fest zusammengepresste organische Material durchläuft nun eine Fermentation mit Milchsäurebakterien. Je nach Außentemperaturen kann diese in heißen Sommermonaten nach zwei Wochen abgeschlossen sein, im Winter dagegen mehrere Monate dauern. Anhaltspunkt für eine abgeschlossene Fermentation ist ein weitgehend neutraler Geruch der Mischung.

Dritter Schritt: Reifen und Vererden

Nach Abschluss der Fermentierung gibt es mehrere Wege, mit dem Kompostmaterial umzugehen. Es kann zum Beispiel in einem offenen Behälter mit Bodenkontakt (z. B. Lattenkomposter) aerob kompostiert werden – mit entsprechenden Kohlen- und Stickstoffverlusten (siehe Seite 58). Die durch die Fermentation konservierte Biomasse können wir aber auch direkt auf das Beet ausbringen, als Mulchschicht und Nahrung für die Bodenlebewesen. Dabei müssen wir aber einen Abstand zu bereits ausgepflanzten Kulturen halten. Eine Reifung und Vererdung unter aeroben Bedingungen erfolgt im Verlauf von zwei bis zwölf Monaten, je nach Temperatur und Jahreszeit und nach Art und Menge der verwendeten Materialien.

Wird als dünne Mulchschicht ausgebracht: in einer Regentonne fermentiertes Kompostmaterial im Lebensgarten Steyerberg (mehr dazu auf Seite 66).

Wichtig: Wurden menschliche Fäkalien aus einer Trockentrenntoilette (mit) kompostiert, wird eine Reifung bzw. Vererdung in einem separaten Komposter von 24 Monaten und eine anschließende Verwendung des Komposts auf Blumenbeeten und unter Sträuchern empfohlen. Nach vier Jahren Reifezeit kann dieses Substrat auch für den Gemüseanbau verwendet werden.

Anaerobe Technik pro und kontra

+ *Vorteile der vorgeschalteten anaeroben Fermentierung:* Diese Technik kann vielfältig sowohl im großen Maßstab als auch im kleinen (Haus- und Kleingarten) bis sehr kleinen Maßstab (Balkon, siehe Fotos oben) angewendet werden. Rasenschnitt und Küchenabfälle können in unterschiedlichen Mengen zunächst gesammelt, zusammen mit Pflanzenkohle fermentiert und bis zur Weiterverarbeitung konserviert werden, ohne dass sie verschimmeln oder verfaulen. Eine Hygienisierung findet auch ohne hohe Temperaturen statt.

– *Nachteile der vorherigen anaeroben Fermentierung:* Mit der Mikrobenlösung ist eine weitere Zutat erforderlich und es entstehen entsprechende Kosten oder es werden bei eigener Herstellung weitere Arbeitsschritte notwendig.

Noch mehr praxiserprobte Methoden

Die nachfolgenden Beispiele sind alternative Verfahren und Rezepte von Praktikern, die seit vielen Jahren nach dem Terra-Preta-Prinzip experimentieren.

Humusaufbau nach der Reckin-Methode

Der Biologe Jürgen Reckin kultiviert in Brandenburg einen Garten mit sandigem Boden, dessen Humusgehalt er mit einer Methode, bei der hauptsächlich holziges Material verarbeitet wird, beachtlich steigern konnte. Anstelle von Mist als Stickstofflieferant verwendet er Urin, den er mit einer Mikrobenlösung impft. Ein erwachsener Mensch produziert im Jahr rund 500 Liter Urin, der bei gesunden Menschen nahezu keimfrei ist. Da Urin Stickstoffverbindungen wie Harnstoff, Harnsäure und Kreatinin enthält und darüber hinaus Phosphate, Kalium- und Calciumsalze, kann er, mit der acht- bis zehnfachen Menge Wasser verdünnt, als Dünger (siehe Seite 71) oder wie hier fermentiert zur Kompostierung eingesetzt werden. Anstelle des fermentierten Urins kann auch Brennnesseljauche verwendet werden, sie ist aber weniger effektiv. Die Methode ist immer dann interessant, wenn viel Schnittgut oder verholztes Material anfällt, beispielsweise wenn ein mit Sträuchern bewachsenes Grundstück gerodet wird, um es neu anzulegen.

So funktioniert die Urinfermentierung:

In einen 10-Liter-Plastikeimer mit Deckel wird etwa 5 cm hoch eine Mikrobenlösung mit *Bacillus subtilis* (siehe Seite 45) gegossen und es werden zwei bis drei Esslöffel Milch sowie heiß überbrühtes und wieder abgekühltes, zerdrücktes Obst (Banane oder Birne) hinzugefügt. In diese Mischung kommt die tägliche Menge Urin. Den Eimer so lange füllen, bis er zu drei Viertel voll ist, und mit halb angedrücktem Deckel schließen, da sich auch aerobe Bakterien darin befinden. Die Fermentierung ist notwendig, um Fäulnis und unangenehme Gerüche zu verhindern.

Zutaten für den Kompost:

- frisches, sehr gut zerfasertes Holz aus Gehölzschnitt, das noch Zellsaft enthält; (alternativ: Stroh, enthält aber weniger Lignin und ist weniger effektiv),
- mindestens 10, besser 20 (Volumen-)Prozent Pflanzenkohle,
- 4 bis 5 (Volumen-)Prozent Tonmehl bei sandigem Boden,
- etwa 3 (Volumen-)Prozent Holzasche von unbehandeltem Holz,
- fertiger Pflanzenkohle-Kompost oder guter, lebendiger Boden aus der Region (optimal ist Waldboden),
- fermentierter Urin (alternativ Brennnesseljauche) zum Begießen.

Die Zutaten werden ohne den fermentierten Urin gemischt, am besten in einer Schubkarre oder auf einer festen Plane. Die Mischung wird anschließend nicht höher als 40 cm auf dem Standort des zukünftigen Beetes zu einer Miete (1,20 × 5 m) aufgeschichtet. Darüber wird eine Schicht stickstoffreiches Material (Laub, Rasenschnitt und Putzabfälle von Gemüse) eingearbeitet. Die Miete wird nun alle zwei oder drei Tage mit fermentiertem Urin begossen.

Das Holz des Schnittguts bzw. die Holzspäne haben ein C/N-Verhältnis von 500:1; für die Umsetzung ideal ist jedoch ein Verhältnis von 25:1, daher muss reichlich Stickstoff – insgesamt 50 bis 60 Eimer fermentierter Urin – der Miete zugegeben werden.

Die Mieten werden mit Laub oder Stroh abgedeckt und bei anhaltender Trockenheit mit Wasser oder Pflanzenjauche (Rezept siehe Seite 124) begossen. Je nach Jahreszeit dauert es vier bis sechs Monate, bis der Inhalt der Miete umgewandelt ist. Das Schwarzerde-Substrat ist fertig, wenn die Kompostwürmer die Miete verlassen haben. Bei mehreren Mieten ist es sinnvoll, sie etwas zeitversetzt nebeneinander anzulegen, damit die Würmer bequem umziehen können. (Bilder und mehr Informationen zur Methode Reckin liefert die Dokumentation einer Exkursion zu Jürgen Reckin, siehe Literaturtipp Seite 152.)

Terra-Preta-Technik auf nährstoffarmen Sandböden

Der Terra-Preta-Praktiker Roland Wolf leitete im Auftrag von Declan Kennedy, Professor für Städtebau und Landschaftsplanung und Pionier der Permakultur in Deutschland, ein zweijähriges Terra-Preta-Experiment im Permakulturpark am Lebensgarten Steyerberg (PaLS), Landkreis Nienburg, das durch die Stiftung Hübner und Kennedy finanziert wurde. Ich hatte das Glück, ihn einige Tage begleiten zu dürfen und Einblick in seine Arbeitsweise zu bekommen. Der dort vorhandene extrem arme Sandboden war weder in der Lage, Feuchtigkeit zu halten, noch organisches Material rasch umzusetzen. Ziele des Experiments waren es, mit Pflanzenkohle-Kompostierung eine gute Bodenstruktur zu schaffen, die Wasser- und Nährstoffspeicherkapazität zu verbessern und den Humusgehalt so zu erhöhen, dass Feldfrucht- und Gemüseanbau möglich sind.

Die Rohstoffe für den Kompost stammten aus der Umgebung: frischer Gemüse- und Obstabfall aus der Seminarküche, Bio-Pferdemist aus lokalen Pferdeställen, Laub und Gartenschnitt aus dem »Lebensgarten«, geschreddertes Weiden- und Kiefernholz sowie Sägemehl aus dem örtlichen Sägewerk. Nur Pflanzenkohle und Montmorillonit-Bentonit wurden zugekauft. Die Ausgangsstoffe wurden zunächst gemischt und dann zum Vergleich auf unterschiedliche Weise weiterbehandelt:

- Ein Teil wurde anaerob in 310-Liter-Regentonnen fermentiert und danach als dünne Mulchschicht auf vorbereitete Testflächen ausgebracht (siehe auch Foto Seite 62).
- Ein anderer Teil wurde in aerober Mietentechnik auf einer offenen Wiese und am Kiefern-Mischwaldrand kompostiert und später direkt bepflanzt.

Bei beiden Techniken wurden nach der Methode Reckin (siehe Seite 64) die Mieten gegen Austrocknung und zur Stickstoffanreicherung regelmäßig mit fermentiertem Urin begossen. Die Freilandmieten wurden

Im Permakulturpark am Lebensgarten Steyerberg wurden Methoden zur Verwendung des Pflanzenkohle-Komposts auf armen Sandböden erprobt, hier beispielhaft das aerobe Kompostieren in der Freilandmiete.

Kartoffel- und Kürbispflanzen gediehen in den Hügelbeeten prächtig.

etwa 45 cm hoch mit unterschiedlicher Länge, falls nötig, auf Pappe angelegt und in jedem Fall mit Mulch gegen Sonnenbleiche und Auswaschung geschützt.

Bei der anaeroben Methode, bei der das Material sein Volumen im Wesentlichen beibehielt, solange es sich unter Luftabschluss in der Regentonne befand, stellte sich innerhalb der ersten Monate nach Ausbringung aufgrund aerober Nachkompostierung ein ähnlicher Volumenverlust ein wie bei der aeroben Mietentechnik von Beginn an. Am Waldrand kam es durch den Sonnen- und Regenschatten zu deutlich weniger Ausbleichung und Auswaschung, weniger wertvolle Inhaltsstoffe gingen verloren. Das Blätterdach der jungen Eichen und Traubenkirschen am Waldrand bot hier den entscheidenden Schutz.

In die Freilandmieten gesetzte Kartoffeln erbrachten reiche Ernte. Auch Kohlgemüse, Zucchini und Kürbisse wuchsen in dieser hügelbeetartigen Kultur hervorragend. Die von der noch unfertigen Erde geernteten Kürbisse erwiesen sich jedoch als nur kurzzeitig lagerfähig. Nach Abschluss des Experiments zeigte sich, dass es mit angewandter Terra-Preta-Technik auf armen Sandböden schon im ersten Jahr möglich ist, gute Ernten mit stark zehrenden Gemüsearten zu erzielen.

In den Nachfolgejahren wurde deutlich, dass der erhöhte Humusgehalt nur dann dauerhaft gehalten werden kann, wenn der Boden ständig mit Mulch bedeckt und durchwurzelt bleibt, weil er ansonsten auf dem sich schnell erhitzenden Sandboden ausbleicht, verschlämmt oder durch die Aktivität von Bodentieren im Sand verschwindet (mehr zu den Bodentypen ab Seite 76).

Eine Erkenntnis dieses Experiments war aber auch, dass sich nach Anreicherung eines nährstoffarmen Bodens durch Humus und Wurzeln von jungen Gemüsepflanzen ein massives Wühlmausproblem einstellen kann, dem mit entsprechenden Schutzmaßnahmen schon beim Aufsetzen der Mieten begegnet werden muss.

Das Terra-Preta-Prinzip im Kleingarten

Brunhild Kühl wendet schon seit vielen Jahren das Terra-Preta-Prinzip in ihrem Kleingarten an. Die Fachberaterausbilderin im Bezirksverband der Kleingärtner in Hameln hat ein gestaffeltes Verfahren mit kleineren Mengen entwickelt, welches sich sehr einfach in einem Lattenkomposter mit Bodenkontakt durchführen lässt.

Zutaten für einen gut gefüllten Lattenkompostbehälter:

- etwa 30 – 40 kg frischer Grünschnitt und Laub (mit einem starken Schredder zerkleinert),
- zerkleinerte Küchenabfälle wie sie täglich anfallen; insgesamt etwa ein 10-Liter-Eimer voll,
- etwa 1 kg Ton- oder Gesteinsmehl,
- etwa 1 kg getrockneter und im Schredder gemahlener Hühnermist (alternativ Kuhdung, Pferdemist u. Ä.),
- 3 gefüllte 10-Liter-Eimer Pflanzenkohlegrus,
- 5 Liter aktivierte Effektive Mikroorganismen (EMa), 1:10 verdünnt.

Alle Zutaten werden nach der unterschiedlichen Grünschnittgabe – je nach Anfall – so angepasst, dass das C/N-Verhältnis stimmt. Geschreddert wird einmal pro Woche, das frische Schnittgut wird auf den schon vorhandenen Kompostinhalt geschichtet, bis der Behälter randvoll ist.

In einem mit stabiler Folie, z. B. Teich- oder Gitterfolie, ausgekleideten Komposter wird alles außer der EMa-Lösung gut vermischt und am Ende mit EMa-Lösung begossen. Dann wird die Mischung fest

EMa

steht für »aktivierte« Effektive Mikroorganismen. Sie können durch Fermentation von im Handel erhältlicher Starterkultur EM1 mit Zuckerrohrmelasse auch selbst hergestellt werden. Weitere gebräuchliche Schreibweisen sind EM-a oder EM-aktiv.

Brunhild Kühl gärtnert in ihrem Kleingarten seit vielen Jahren nach dem Terra-Preta-Prinzip. Nicht nur das Gemüse, auch Stauden wie diese Königskerzen können sich sehen lassen!

zusammengepresst, luftdicht mit Folie abgedeckt und mit Steinen beschwert. Die Abdeckfolie wird nur zum Auffüllen weiterer Grünschnittgaben entfernt und danach sofort wieder aufgelegt, abgedichtet und beschwert. Wenn wieder größere Mengen an Grünschnitt anfallen, wird der Komposter nach dem gleichen Muster weiter aufgefüllt.

Brunhild Kühl sagt dazu: »Ich habe festgestellt, dass sich nach etwa vier Wochen Kompostwürmer einstellen, wenn der Kompost nicht mehr so sauer ist. (Sauer wird er durch die Zugabe von Effektiven Mikroorganismen EMa.) Dann wimmelt es geradezu von ihnen. Das Pflanzenkohle-Substrat ist fertig, wenn sich wunderbare Erde zeigt, die ich nicht mehr durchsiebe. Das kann bis zu einem halben Jahr dauern, wenn die Feuchtigkeit im Komposter stimmt – nicht zu nass und nicht zu trocken. Es kommt hier auf den Grünschnitt (auch Rasenschnitt) an. Sind viele holzige Teile dabei, benötigt man mehr Wasser bzw. EMa-Flüssigkeit. Die fertige Erde (sie sieht aus wie gute Blumenerde) wird sofort auf die Beete verteilt und eingearbeitet.«

Brunhild Kühl benutzt auch eine selbst gebaute Trockentrenntoilette im Garten. Im Behälter für die Feststoffe befindet sich ein Folienbeutel zum sauberen Wechseln, den sie luftdicht verschließt, wenn er voll ist. Dazu erklärt sie: »Der Kot wird nach jedem Toilettengang mit Rindenhumus oder Terra-Preta-Erde bedeckt und anschließend mit EMa 1:10 besprüht, keine Fliege wagt sich dort hinein. So ist er schon bestens vorbehandelt und fermentiert bereits. Ist der Behälter voll, gebe ich den Toiletteninhalt einfach in den ältesten Terra-Preta-Kompost: Kuhle formen und hinein. Das ist unterschiedlich, je nach Personenanzahl.

Ich habe drei Komposter und alle werden nach dem selben Prinzip bearbeitet. Die älteste Erde (der zuerst befüllte Behälter) wird im Frühjahr für die Gemüsebeete verwendet. Die Tomaten benötigen im Gewächshaus besonders viel davon. Alle zwei Jahre wird die Erde dort ausgetauscht. Und die Rosen sollten auch nicht zu kurz kommen. Den Kompost der beiden anderen Behälter, die langsam ›reif‹ geworden sind, verteile ich im Sommer auf Staudenbeete mit Blumen.« Mit dem separat aufgefangenen Urin, 1:10 mit Wasser vermischt, düngt Brunhild Kühl ihren Rasen.

Humustoiletten im Kleingarten – gesetzliche Regelungen

Die Entsorgung von Fäkalien in Kleingartenanlagen über Trockentoiletten oder Humustoiletten ist mit sachgerechter/hygienisierender Nachkompostierung im Kleingarten unter Zusatz geeigneter Zuschlagstoffe erlaubt und entspricht dem Bundeskleingartengesetz. Die Verwertung von Urin und des erzeugten Fäkalienkompostes ist für die eigene Nutzung auf dem eigengenutzten Grundstück erlaubt. Mehr Informationen zu diesem Thema liefert eine Webinarreihe mit Videomitschnitten und entsprechende Fachliteratur (siehe Literaturverzeichnis auf Seite 151).

Pflanzenkohle-Smoothie

Rainer Sagawe, Mitentwickler eines Pyrolyseofens für die Pflanzenkohle-Produktion (siehe Fotos auf Seite 32) und langjähriger Terra-Preta-Praktiker, verwendet ein spezielles Rezept für die Terra-Preta-Kultur in seinem Garten. Küchenabfälle werden in einem nicht komplett gefüllten Standmixer zerkleinert, mit einer Mischung aus Urin und Wasser und Pflanzenkohle vermischt und zum Mulchen verwendet. Er beschreibt die Herstellung so:

»Beim Smoothie-Rezept habe ich nur grobe Mengenangaben – das ist kein Kuchenbacken, das ist lebendige Natur, die ihren Teil dazutut! Ich fülle einen Standmixer mit einer Mischung aus Regenwasser und Urin (Verhältnis 1:1, etwa 1 Tasse voll). Dann kommt eine Handvoll Pflanzenkohle darüber und danach füge ich die Küchenabfälle des Tages hinzu.

Die nach Rainer Sagawes Methode hergestellte Mischung lockt Kompostwürmer und viele andere Bodenlebewesen an.

Kartoffelschalen, Möhrenschalen, Zwiebelschalen, Reste von Rotkohl, Weißkohl, Wirsing, Eierschalen, was in der Küche halt so anfällt. Das alles mixe ich zu Brei und gebe es dann unter den Mulch an die Pflanzen im Garten, besonders an Starkzehrer wie Tomaten, Zucchini und Kürbis. Das Flüssige sickert zu den Wurzeln, der zurückbleibende Brei wird sehr schnell von Regenwürmern und anderen Bodenlebewesen besiedelt. Wegen gewisser kultureller Vorbehalte gegenüber den menschlichen Ausscheidungen betreibe ich den Mixer im Fahrradschuppen.«

Inspiriert zu dieser Vorgehensweise hat ihn der Bodenforscher Herwig Pommeresche, der an der norwegischen Westküste seit mehr als 30 Jahren Humusaufbau in seinem Garten betreibt, und mit den außerordentlich reichen Gemüseerträgen seine Familie ernährt.

Experimentieren ausdrücklich erwünscht!

Nach diesen Beispielen wird deutlich, dass die Kompostierung mit Pflanzenkohle auf viele Weise möglich ist, je nach verfügbaren Materialien, Platz und Lebenssituation. Und daher schließt dieses Kapitel auch mit einem Appell an alle, die zukünftig mit dem Terra-Preta-Prinzip arbeiten wollen: die Basisinformationen im Hinterkopf behalten und einfach selbst experimentieren! Es macht nichts, wenn mal etwas schiefgeht: daraus lernen und dann weitermachen. Genauso haben es auch die Wissenschaftler und Praktiker gemacht.

Schwarzerde-Substrate in Beet und Kübel

Im vorigen Kapitel haben wir mit der Herstellung von selbst gemachtem Pflanzenkohle-Kompost die Grundlage zum Gärtnern nach dem Terra-Preta-Prinzip geschaffen. Jetzt gilt es, ihn auf die richtige Weise zu verwenden. Dazu müssen wir zunächst einmal wissen, wie hoch der Bedarf an organischem Material in unserem Garten tatsächlich ist – sei es zum Humusaufbau bei extrem armen Böden, zur Strukturverbesserung oder als Nährstoffzugabe für Pflanzen. Aufschluss darüber erhalten wir über den vorhandenen Bodentyp und Zustand des Bodens.

Bei der Verwendung des Pflanzenkohle-Kompostes im Hoch- und Palettenbeet oder im Kübel gelten wiederum andere Besonderheiten. Hier ist zum Beispiel der Ersatz torfhaltiger Pflanzerde hervorzuheben (mehr dazu ab Seite 93).

Schwarzerde-Substrat eignet sich fürs Gartenbeet und den Balkonkasten (s. Fotos links) ebenso wie für Gehölzpflanzungen (hier im Botanischen Garten Berlin), für das Hochbeet oder die Pflanztasche.

Blick auf Bodentyp und Bodenzustand

Ein fruchtbarer Boden enthält rund 45 Prozent mineralische und 7 Prozent organische Substanz, der übrige Teil besteht aus Wasser (23 Prozent) und Luft (25 Prozent). Für die Ertragsfähigkeit und -stabilität entscheidend ist das Verhältnis der strukturgebenden Anteile von Ton, Schluff, Sand und dem Humusgehalt (siehe Seite 80). Ein Boden mit guter Struktur ist feinkrümelig, humos und riecht leicht pilzig. Je nach Standort gibt es mehr oder weniger davon abweichende Bodentypen.

Den Zustand des Bodens beziehungsweise seine Eignung für den Anbau von Gemüse und den meisten anderen Kulturpflanzen verraten uns der pH-Wert und der Mineral- bzw. Nährstoffgehalt.

Der pH-Wert wird in einer Skala von 1 (sehr sauer) bis 14 (sehr alkalisch) gemessen. Als neutral ist der pH-Wert 7 definiert. Die meisten Gemüse- und Kulturpflanzen in unserem Garten benötigen pH-Werte über 6 bis 7, d. h. nur leicht saure bis neutrale Böden. Unabhängig vom Bodentyp können Böden stark versauert sein und pH-Werte zwischen 3,5 bis 5,8 anzeigen. Ursachen hierfür können beispielsweise Nadelgehölze sein, die auf dem Grundstück stehen oder früher dort standen, oder ein geringer Humusanteil, wenn über Jahre hinweg kein Kompost eingesetzt wurde. Abhilfe kann mit Kalkung und höheren Kompostgaben geschaffen werden.

Wichtig zu wissen: Gärten in der Stadt können durch Umwelteinflüsse mit Cadmium, Blei und anderen Schwermetallen belastet sein. Werte unter pH 6 führen dazu, dass diese Schwermetalle mobil sind und von Pflanzen aufgenommen werden. Um das zu vermeiden, wird kohlensaurer Kalk in den Oberboden eingearbeitet und der Humusanteil durch Kompost und Mulch kontinuierlich erhöht. Ein höherer pH-Wert im Boden verhindert oder reduziert die Aufnahme von Schwermetallen durch Pflanzen. Alternativ können Hochbeete angelegt und mit neuem, unbelastetem Substrat befüllt werden.

Für pH-Messungen werden pH-Meter bzw. Soiltester in verschiedenen Preisklassen im Handel angeboten. Deren Messwerte weichen im

Auf Böden in Stadtgärten ist der richtige pH-Wert besonders wichtig.

Vergleich untereinander und vor allem zu Messungen im Labor erheblich voneinander ab und sind daher nicht verlässlich. Eine preiswerte Alternative und einfach in der Handhabung sind pH-Bodentest-Sets, die es im Fachhandel gibt. Sie beinhalten alles, was zur pH-Wert-Analyse nötig ist, vom Reagenzglas für die Bodenprobe in destilliertem Wasser über Teststreifen mit entsprechender Färbereaktion bis hin zu einer Anleitung zur Interpretation des ermittelten Wertes.

Bei der Bodenanalyse sollte auch das Verhältnis von Calcium (Ca) zu Magnesium (Mg) bestimmt werden. Richtwert ist dabei ein Verhältnis von 68 Prozent Calcium zu 12 Prozent Magnesium. Wenn das Verhältnis im Boden oder im Kompost nicht stimmt, blockieren sich die Minerale gegenseitig. Ein Zuviel an Magnesium bindet Calcium und dann können andere wichtige Mineralstoffe von Pflanzen nicht ausreichend aufgenommen werden. Eine Folge ist, dass die für den Aufbau von Dauerhumus wichtigen Calcium-Brücken zwischen Humus und Tonmineralen zerstört werden. Die Gegenmaßnahme wäre, noch mehr Calcium auszubringen.

Regelmäßiges Ausbringen von Pflanzenkohle-Kompost gewährleistet in der Regel die nötige Mineralzufuhr in unserem Garten. Einen Mangel können wir durch zusätzliche Gaben in Form von Gesteinsmehl bei sehr schweren Böden ausgleichen. Bei Sandböden geschieht das durch Tonmehl (da Bentonit Magnesium enthält, müssen wir jedoch auf das Verhältnis zu Calcium achten, siehe oben) und bei zu niedrigem pH-Wert mit kohlensaurem Kalk. Für Spezialfälle, bei zu hohen pH-Werten für

Pflanzenarten, die eher saure Bodenverhältnisse benötigen, kann mit Magnesiumsulfat (Bittersalz) der Boden-pH-Wert abgesenkt werden. Das gilt für einige Kulturpflanzen wie Heidelbeeren und Zierpflanzen wie Kamelien, Lupinen, Lilien und Pfingstrosen sowie Rhododendron. Allerdings wachsen Kulturheidelbeeren auch sehr gut bei höheren pH-Werten in humusreichen Böden.

Die nachfolgende Übersicht ab Seite 80 beschreibt verschiedene Bodentypen, Merkmale zu ihrer Unterscheidung sowie Hinweise zur Bodenverbesserung oder den Erhalt der Bodenfruchtbarkeit. Die jeweils genannten Maßnahmen beziehen sich auf den belebten Oberboden mit 30 bis 40 cm Tiefe.

Die Spatenproben von Böden südlich von Hannover zeigen (von links nach rechts): verdichteter, konventionell bewirtschafteter Ackerboden mit Kleedecke, Ackerboden mit Gemüseanbau in Mischkultur, Zwischenfrucht und Untersaat sowie tiefgründig krümeliger und humushaltiger Ackerboden vom Heckenrand nach mehrjähriger Brache.

Warum Bodenanalysen sinnvoll sind

Bodentyp, pH-Wert, Mineraliengehalt bzw. Nährstoffbedarf und möglicher Schadstoffgehalt lassen sich verlässlich im Bodenanalyse-Labor testen (Kosten: ab 45 Euro, je nach Art und Umfang der Analyse). Adressen von Laboren für private Anfragen stehen auf der Website des VDLUFA – Verband Deutscher Landwirtschaftlicher Untersuchungs- und Forschungsanstalten e.V. (siehe Seite 153). Oft bieten auch Raiffeisengenossenschaften einen Service dafür an.

Für einen Privatgarten, in dem Gemüse angebaut wird, ist es sinnvoll, alle drei bis fünf Jahre zu Beginn der Ernte oder danach eine Bodenuntersuchung vornehmen zu lassen. Vor allem aber bei einer Neuanlage eines Gartens liefert eine Analyse wichtige Parameter über die Beschaffenheit des anstehenden Bodens und seiner Reaktion.

Vorgehensweise: Wir entnehmen an unterschiedlichen Stellen der zu untersuchenden Fläche aus dem Wurzelbereich der Pflanzen (etwa 30 cm tief) mit einem Spaten oder Bohrstock etwa 15 bis 20 Bodenproben. Die Teilproben werden in einem Eimer vermischt. Wollen wir getrennte Proben – für die gärtnerische Nutzung und andere Nutzungen (Rasenfläche, Spielfläche für Kinder) – untersuchen lassen, werden die Proben getrennt an mehreren Stellen der jeweiligen Flächen entnommen und untereinander, aber nicht miteinander gut durchmischt. So erhalten wir einen Durchschnitt des jeweiligen Bodens. Dann füllen wir 250 bis 500 Gramm der Mischungen in Säcke, beschriften diese mit den Angaben zur geplanten Nutzungsart und senden sie ans Prüflabor.

Toniger Boden – setzt sich aus sehr feinen Teilchen zusammen, die sich ohne ausreichende Durchwurzelung bei Feuchtigkeit stark verdichten und nach Regen verkleben. In trockenem Zustand wird er steinhart und reißt auf. Die Farbe tendiert zu Ocker.

- *positive Eigenschaften*: nährstoffreich, gute Wasserspeicherfähigkeit.
- *negative Eigenschaften*: schlecht belüftet, geringe Wasserdurchlässigkeit, neigt zu Staunässe, schwer zu bearbeiten, erwärmt sich im Frühjahr nur langsam.
- *Zeigerpflanzen:* Breitwegerich, Gänsefingerkraut, Stumpfblättriger Ampfer; bei Staunässe im Untergrund: Kriechender Hahnenfuß, Ackerschachtelhalm, Ackerminze.
- *Maßnahmen:* Drainage, um den Boden zu entwässern. Pflanzenkohle-Kompost einarbeiten, um den Anteil an organischem Material zu erhöhen und das Bodenleben zu aktivieren (siehe hierzu auch Seite 114). Mit Zuschlag von Sand den Boden lockern und Luft an die Pflanzenwurzeln bringen. Bei zu niedrigem pH-Wert kalken.

Schluffiger Boden – besteht aus feinem verwitterten Gestein mit einer Korngröße zwischen Ton und Sand. Reiner Schluffboden (Schluffanteil von 80 bis 100 Prozent) ist selten, meist ist er mit Sand vermischt (sandiger Schluff). Schluff ist auch Bestandteil von Lehmboden. Er enthält Anteile von Humus und Bodenlebewesen, die Farbe tendiert von Braun bis Schwarz.

- *positive Eigenschaften*: fruchtbar, kann Wasser und Nährstoffe gut binden, ist durchlässiger als Ton.
- *negative Eigenschaften*: reiner Schluff hat wenig Nährstoffe, neigt zur Verschlämmung, daher Gefahr von Erosion. Bei verdichtetem Schluff ist Staunässe möglich. Erwärmt sich im Frühjahr nur langsam.
- *Zeigerpflanzen:* Huflattich, Haselwurz, Leberblümchen, Einbeere, Wurmfarn.

- *Maßnahmen:* Regelmäßig Pflanzenkohle-Kompost einsetzen, um die Durchlüftung und Struktur zu verbessern. Bei sehr hohem Schluffanteil kann die Zugabe von Sand die Ertragsfähigkeit verbessern.

Sandiger Boden – besteht aus feineren Sandpartikeln und Kies, was ihn sehr durchlässig macht. Sandiger Boden ist hell mit meist gelb-rosa bis hellbrauner Färbung. Er enthält in der Regel wenig organisches Material.

- *positive Eigenschaften*: schnell erwärmbar, leicht und gut zu bearbeiten, gut zu durchwurzeln.
- *negative Eigenschaften*: geringe Wasserhaltefähigkeit, Gefahr von Wasser- und Nährstoffverlusten durch Auswaschen. Extrem mager und trocknet schnell aus, pH-Wert für den Anbau von Kulturpflanzen meist zu niedrig.
- *Zeigerpflanzen:* Feldthymian, Großblütige Königskerze, Acker-Krummhals, Besenheide.
- *Maßnahmen:* Mit Kalkzugaben den pH-Wert anheben; bei wenig Humusgehalt mit reichlich gut verrottetem Pflanzenkohle-Kompost mit Tonmehl-Anteil die Bodenqualität langfristig verbessern.

Humoser Sandboden – eine Bodenart, die einen höheren Humusanteil als sandiger Boden enthält.

- *positive Eigenschaften:* besitzt eine deutlich bessere Wasser- und Nährstoffhaltekraft als sandiger Boden und erwärmt sich schnell und anhaltend. Zählt mit diesen Eigenschaften zu den guten Kulturböden.
- *negative Eigenschaften:* oft hoher Humusanteil, aber schlechte Humusqualität mit geringerem Nährstoffgehalt.
- *Zeigerpflanzen:* Franzosenkraut, Hirtentäschel, Kornblume, Quecke, Wegwarte bzw. Gemeine oder Wilde Zichorie.
- *Maßnahmen:* Mit regelmäßigen Pflanzenkohle-Kompostgaben und evtl. Tonmehlgaben die Humusqualität verbessern.

Lehmiger Sandboden und ***Sandiger Lehmboden*** – Böden mit mehr bzw. weniger hohen Anteilen an Schluff.

- *positive Eigenschaften:* speichern Wasser und Nährstoffe; sind gut durchlüftet. Je nach Humusgehalt ist der sandige Lehmboden meist fruchtbarer und nährstoffreicher als der lehmige Sandboden und damit ein hervorragender Gartenboden.
- *negative Eigenschaften:* erwärmen sich weniger schnell; lehmiger Sandboden neigt zur Verschlämmung.
- *Zeigerpflanzen:* Schwarze Königskerze, Herbst-Löwenzahn, Gemeiner Rainfarn, Sandthymian, Sternmiere, Wegericharten.
- *Maßnahmen:* pH-Wert prüfen und gegebenenfalls kalken und mit regelmäßigen Pflanzenkohle-Kompostgaben die Bodenqualität erhalten.

Lehmiger Boden – setzt sich zu etwa gleichen Teilen aus Sand, Ton bzw. Schluff und Lehm zusammen. Er besteht bzw. bildet sich aus Löss, einem feinen quarz-, kalk- und silikatreichen Staub, der nach dem Ende der Eiszeit durch Wind angeweht und abgelagert wurde. Die typische Farbe von Lehmboden ist dunkelbraun, da er oft viel organisches Material enthält.

- *positive Eigenschaften:* in der Regel gut belüftet und durchwurzelt mit ausgeglichener Wasserhalte- und Wasserleitfähigkeit; zügige Erwärmung. Er lässt sich gut bearbeiten, bester Standort für die meisten Kulturen.
- *negative Eigenschaften:* bei höherem Lehmanteil ähnlich wie toniger Boden.
- *Zeigerpflanzen:* Acker-Gänsedistel, Acker-Hahnenfuß, Löwenzahn.
- *Maßnahmen:* Regelmäßig mit organischem Material versorgen, um die Bodenfruchtbarkeit zu erhalten. Bei höherem Lehmanteil Pflanzenkohle-Kompost und Sand einarbeiten, um den Boden zu belüften und die Bodenstruktur zu verbessern.

Kalkhaltiger Boden – enthält eine größere Menge Calciumcarbonat im Boden, teils über 40 Prozent. Er ist an vielen kleinen Steinchen und hell-blassen Erdklumpen zu erkennen. Kalk wird durch das Freisetzen von Kohlendioxid (CO_2) mithilfe von verdünnter Salzsäure (10-prozentige Lösung) nachgewiesen (bitte Schutzbrille beim Testen nicht vergessen). Eine Bodenprobe im Labor gibt genaueren Aufschluss.

- *positive Eigenschaften:* gut wasserdurchlässig. Kalk ist für das Pflanzenwachstum wichtig, da die meisten Pflanzen einen pH-Wert im Bereich von 5 bis 7,5 benötigen, um ausreichend Nährstoffe aufnehmen zu können. Kalk puffert den Boden gegen Versauerung durch Humussäuren oder sauren Regen ab. Pflanzen aus dem Mittelmeerraum, vor allem Kräuter, wachsen gut auf kalkhaltigem Boden.
- *negative Eigenschaften:* nährstoffarm und trocken; bei Regen wird lehmhaltiger Kalkboden (Marschboden) matschig und schlammig; stark alkalisch, viele Nährstoffe sind für die Pflanzen nicht nutzbar. Es können Mangelerscheinungen (Chlorose, Stippe) durch fehlendes Eisen, Magnesium, Mangan, Bor, Kupfer und Zink auftreten.
- *Zeigerpflanzen:* Taubnessel, Silberdistel, Ehrenpreis, Klettenlabkraut, Hohler Lerchensporn, Klatschmohn, Echtes Leinkraut.
- *Maßnahmen:* Regelmäßig gut verrotteten Pflanzenkohle-Kompost einarbeiten, um den Nährstoffgehalt und die Wasserhaltefähigkeit zu verbessern. Keine Düngung mit frischem Mist, da sich Bikarbonat bilden kann, was die Aufnahme von Eisen verhindert und Ammonium-Stickstoff in Form von Ammoniak ausgasen lässt.

Eine Besonderheit ist der ***Hortisol*** (von lat. *hortus* = Garten, *solum* = Boden), ein alter, intensiv genutzter, sehr dunkler und tiefgründiger Boden mit mehr als 4 Prozent Humusgehalt (hauptsächlich verbreitet sind 1 bis 2 Prozent = schwach humos und 2 bis 4 Prozent = mittelhumos). Er ist durch regelmäßige Düngung (Kompost, Stallmist, verschiedene Abfälle) und intensive Bodenbearbeitung mit Umgraben aus einem nicht mehr erkennbaren Bodentyp entstanden. Hortisole sind in älteren Siedlungs- und Klostergärten anzutreffen und ähneln in Aussehen und Struktur der Terra Preta.

- *positive Eigenschaften:* sehr fruchtbar mit hohem Stickstoffgehalt, lockere durchlässige Krume, leicht zu bearbeiten und leicht erwärmbar, ideal für den Kulturpflanzenanbau.
- *negative Eigenschaften:* hohe Phosphorgehalte, möglicherweise überdüngt.
- *Zeigerpflanzen:* Brennnessel, Schwarzer Nachtschatten, Vogelmiere.
- *Maßnahmen:* Keine bodenverbessernden Maßnahmen erforderlich; die organische Düngung muss mit Augenmaß und geringerem mechanischen Einsatz erfolgen. Am besten ist eine regelmäßige Flüssigdüngung mit Pflanzenjauche (siehe Seite 124). Da der Nährstoffvorrat auch bei fruchtbaren Böden wieder aufgefüllt werden muss, kann in Maßen auch Pflanzenkohle-Kompost ausgebracht werden, insbesondere nach intensiver Bewirtschaftung mit Starkzehrern.

Die Fingerprobe hilft

Wenn wir nicht sicher sind, welcher Bodentyp in unserem Garten vorherrscht, können wir eine Fingerprobe machen. Hierzu rollen wir eine Handvoll feuchten Boden zwischen den Handflächen und beobachten die Reaktion: Entsteht eine Schlange, die sich zu einem Ring formen lässt, haben wir es mit einem Tonboden zu tun. Zerbröckelt die Schlange zwischen den Fingern und bleiben die Krümel an den Fingern kleben, handelt es sich um einen Lehmboden. Ist die Erde so krümelig, dass sich daraus gar keine Schlange formen lässt, und können die Krümel von den Fingern abgeklopft werden, haben wir einen Sandboden.

Ausbringen des Pflanzenkohle-Komposts

Frischer (also angerotteter) Pflanzenkohle-Kompost aus eigener Kompostierung im Hausgarten ist nach etwa drei bis vier Monaten fertig und kann dann zum Mulchen und zur Bodenverbesserung verwendet werden. Als Faustregel gilt: 10 l pro m^2, das entspricht einer Schichtdicke von etwa 1 cm. Er enthält meist noch gröbere Teile und geringere Mengen Humus, jedoch viele Bodenlebewesen, die einen ausgezehrten Gartenboden beleben. Frischkompost zieht allerdings, je nach Rottegrad, Stickstoff aus dem Boden und ist somit nicht zur unmittelbaren Pflanzendüngung geeignet.

Reifer Pflanzenkohle-Kompost (vererdeter Kompost) hingegen mobilisiert unmittelbar höhere Anteile an mineralischem Stickstoff. Er ist im Sommer nach etwa vier bis sechs Monaten, ansonsten nach etwa sechs

Pflanzenkohle-Kompost ist nach sechs bis zwölf Monaten reif und kann in die Beete eingearbeitet werden. Gemüse und Blumen gedeihen damit prächtig.

Das Schwarzerde-Substrat versorgt die Pflanzen nach und nach mit allen notwendigen Nährstoffen – vorausgesetzt das Bodenleben ist intakt.

bis maximal zwölf Monaten reif (siehe dazu auch Seite 62). Anders als Kompost ohne Pflanzenkohle kann gereifter Pflanzenkohle-Kompost in höheren Mengen im Garten ausgebracht werden, weil die Pflanzenkohle Nitrat und Minerale stark bindet. Diese werden im Laufe der Vegetationszeit pflanzenverfügbar, vorausgesetzt das Bodenleben stimmt. Viele Pflanzen erschließen sich ihre Nährstoffe je nach Bedarf durch Mykorrhizen, Bodenpilze, die in Symbiose mit den Pflanzenwurzeln leben (siehe Seite 117). Daher entfaltet eine organische Kompostgabe erst nach und nach ihre Wirkung, was einer mineralischen Düngung vorzuziehen ist. Mineraldünger löst sich auch im Bodenwasser, wenn Pflanzen keine oder nur wenig Nährstoffe benötigen. Die Überschüsse werden dann ins Sickerwasser und langfristig ins Grundwasser transportiert.

Die folgenden Beispiele zeigen, wo und wie wir Pflanzenkohle-Kompost im Garten und in mobilen Beeten einsetzen können.

Pflanzenkohle-Kompost im Flachbeet

Beim erstmaligen Ausbringen verteilen wir den Pflanzenkohle-Kompost im Frühjahr flächig auf den Beeten und arbeiten ihn zur Impfung des Bodens mit Bodenlebewesen leicht ein. Nach zwei Wochen können wir zum Beispiel eine schnell keimende Mischung aus Zwischenfrüchten wie Buchweizen, Lein, Phazelia oder Leguminosen einsäen, wenn wir im Mai Starkzehrer wie Tomaten, Mais, Kürbis oder Gurken pflanzen wollen. Weniger stark zehrende Pflanzen werden ohne vorherige Zwischenfrucht Ende März bis Ende April je nach Jahresplanung ausgesät oder gepflanzt, zum Beispiel Kohlrabi, Mangold oder Salat.

Bei der Aussaat und dem Setzen von Jungpflanzen von stark- und mittelzehrenden Pflanzen ins Freiland geben wir etwas reifen Kompost oberflächlich auf das Saatbeet, in das Pflanzloch oder in die Saatrillen.

Bei schwachzehrenden Gemüsen und Kräutern werden nährstoffärmere Erden benötigt, daher verzichten wir auf Kompostgaben oder säen sie erst im zweiten Jahr nach der Kompostdüngung auf diese Flächen.

Beim Auspflanzen von vorgezogenen Kulturen, insbesondere von Starkzehrern wie Kohl und Tomaten, geben wir Kompost in einem Durchmesser von etwa 30 cm und einer Tiefe von etwa 25 cm in die Pflanzlöcher. Bei bereits ausgepflanzten Pflanzen können wir nachträglich noch eine Substratschicht um den »Stamm« herum aufbringen, wovon insbesondere auch Pflanzen wie Tomaten, die Wurzeln aus dem Stamm schlagen, profitieren.

Für eine Zwischendüngung rühren wir eine Schaufel Pflanzenkohle-Kompost in einen Eimer mit 10 Liter Regenwasser ein. Dieses Kompostwasser wird zur Kräftigung und Düngung an die Pflanzen gegossen. Das Verfahren ist auch für Blumen und Obstbäume geeignet. Alternativ können wir auch mit stickstoffhaltiger Pflanzenjauche, beispielsweise aus Brennnesseln, düngen (Rezept siehe Seite 124).

Für eine Universaldüngung, zum Beispiel bei einem neu angelegten Garten, bringen wir gereiften Pflanzenkohle-Kompost in einer Menge bis zu 5 kg pro m^2 aus. Das Material wird flächig verteilt und nur leicht in den Oberboden eingearbeitet.

In der Natur gibt es in der Regel keine Monokulturen, daher sollten wir auch in unserem Garten tiefwurzelnde Pflanzen (z. B. Gartenbohnen, Möhren, Mangold) neben flachwurzelnde (z. B. Erbsen, Gurken, Spinat) setzen und stickstoffbindende Leguminosen neben stickstoffzehrenden Kulturen sowie Kräuter und blütenreiche Pflanzen neben Obst und Gemüse anbauen. Die Konkurrenz um Nährstoffe wird damit auf ein Minimum beschränkt.

Hügelbeet mit Pflanzenkohle-Kompost

Hügelbeete sind wegen ihres Unterbaus ideal bei staunassem Boden. Weitere Vorteile liegen in der Verrottungswärme des Füllmaterials, die frühere Aussaaten und lange Erntezeiten ermöglicht, sowie in den zusätzlichen seitlichen Anbauflächen. Es wird nach Nord-Süd ausgerichtet, dadurch entstehen Pflanzbereiche, die sich zur Sonne oder von ihr abwenden, was bei der Auswahl der Pflanzen berücksichtigt werden muss. Nachteilig ist das schnellere Austrocknen aufgrund der großen Oberfläche, daher muss das Hügelbeet stets mit einer Mulchschicht oder mit Unkrautvlies oder Bändchengewebe abgedeckt sein.

Pflanzenkohle-Kompost können wir bereits beim Bau eines Hügelbeetes einsetzen:

- Zunächst entfernen wir die Grasnarbe.
- Dann schichten wir zur Drainage und Belüftung etwa 50 cm hoch Baum- oder Heckenschnittreste, dicke Äste und zerkleinerte Stammstücke auf. Die nur langsam verrottenden Materialien sorgen für Sauerstoff in den tieferen Bodenschichten.

- Als nächste Schicht kommen Laub vom Vorjahr (25 cm) und die umgedrehte Grasnarbe (10 cm) darüber.
- Nun bringen wir eine 15 cm dicke Schicht noch nicht ganz ausgereiften Pflanzenkohle-Kompost auf, der reichlich Mikroorganismen enthält.
- Darüber kommt noch einmal 15 cm hoch gut ausgereifter, mit Gartenerde gemischter Pflanzenkohle-Kompost.

Starkzehrer, Mittelzehrer und Schwachzehrer

Je nach dem Bedarf an Stickstoff unterscheiden wir bei Pflanzen zwischen Starkzehrern, Mittelzehrern und Schwachzehrern. Für die Erstbepflanzung eines neu angelegten Beetes mit Pflanzenkohle-Kompost eignen sich Starkzehrer, da sie dem Boden viel Stickstoff entziehen. In den Folgejahren werden Mittelzehrer und später Schwachzehrer kultiviert sowie Kräuter, die in der Natur auf nährstoffarmen oder trockenen Standorten zu finden sind.

• **Starkzehrer:** Tomaten, Gurken, Kürbis, Zucchini, Melonen, Kartoffeln, Mais, Lauch, fast alle Kohlarten, einschließlich Brokkoli und Blumenkohl, Knollensellerie, Spargel, Rhabarber, Paprika, Peperoni, Tabak, Auberginen, Artischocken.

Düngung: bis zu 5 kg je m^2

• **Mittelzehrer:** Chinakohl, Salat, Endivie, Radicchio, Chicorée, Erdbeeren, Radieschen, Rettich, Fenchel, Rote Bete, Mangold, Spinat, Schwarzwurzeln, Topinambur, Pastinaken, Petersilie, Liebstöckel, Kerbel, Dill, Schnittlauch, Basilikum, Puffbohnen, Sonnenblumen, Kohlrabi.

empfindliche Mittelzehrer, die nur gut ausgereiften Kompost vertragen: Möhren, Zwiebeln, Knoblauch, Stangen- und Feuerbohnen.

Düngung: bis zu 3 kg je m^2

• **Schwachzehrer:** Feldsalat, Pflücksalat, Erbsen, Linsen, Buschbohnen, Speiserüben, Steck- und Winterzwiebeln, Kresse, Rauke, Sommer- und Winterportulak, Rosmarin, Lavendel, Thymian, Minzen, Majoran, Salbei, Koriander, Kümmel, Melissen.

Düngung: keine. Schwachzehrer bekommen keinen Kompost. Meist werden sie im nächsten oder übernächsten Jahr auf das gereifte Kompostbeet gesät.

Im Freilandbeet, aber auch im Hügelbeet und Hochbeet (siehe Seite 93) hat sich die Vier-Beet-Methode bewährt: Auf Pflanzen, die einen hohen Nährstoffbedarf haben (Starkzehrer), folgen im nächsten Jahr Mittelzehrer, im Jahr darauf Pflanzen mit niedrigem Nährstoffbedarf (Schwachzehrer). Im vierten Jahr werden Gründüngerpflanzen oder Leguminosen angebaut. Pflanzenkohle-Kompost und Pflanzenjauchen kommen als Dünger und Bodenverbesserer hinzu.

Im zeitigen Frühjahr können wir zunächst einen Gründünger aussäen, der als Vorkultur den Boden lockert und später abgemäht als Mulchschicht dient.

Im ersten Jahr werden zunächst Kulturen mit hohem Nährstoffbedarf (Starkzehrer) wie Zucchini, Gurken, Tomaten, Mais und Kohl angebaut. Im zweiten und dritten Jahr folgen Kulturen mit geringeren Ansprüchen (Mittel- und Schwachzehrer) wie Salate, Buschbohnen, Erbsen, Möhren, Spinat, Rettich, Chinakohl. Danach wird der Boden langsam zusammengefallen sein, er kann dann wie ein Flachbeet weiter bearbeitet werden. Im vierten Jahr können Kartoffeln angebaut oder das Beet für eine Erdbeerkultur genutzt werden.

Pflanzenkohle-Kompost hat sich auch für Hügelbeete bewährt (hier zum Beispiel auf der Ferme du Bec Helloin in der Normandie).

Pflanzenkohle-Kompost im Hochbeet

Hochbeete mit oder ohne Bodenkontakt sind in mehrfacher Hinsicht ideal zum Gärtnern:

- Sie sind ergonomisch, weil rückenfreundlich, und mit einem Maß wie beispielsweise 3 m Länge und 1 m Breite und etwa 90 cm Höhe (je nach Körpergröße) so konstruiert, dass die Beetmitte gut zu erreichen ist.
- Sie können überall stehen, auch in einem versiegelten Hinterhof.
- Sie eignen sich besonders gut bei schwierigen oder belasteten Böden, da sie mit neuen Substraten gefüllt werden können.
- Innerhalb eines Hochbeets entwickeln sich deutlich höhere Temperaturen als im Freiland. Sie verfrühen und verlängern auf diese Weise die Kulturzeit.
- Sie können mit einer aufsetzbaren Abdeckung als Frühbeet genutzt werden (Fenster in 20 cm Abstand zum Rahmen, angeschrägt, um Kondens- und Regenwasser ablaufen zu lassen; tagsüber zur Durchlüftung öffnen).

Eine Füllung aus Pflanzenkohle-Substrat verlängert aufgrund der außerordentlichen Speicherkapazitäten der Pflanzenkohle deutlich die »Lebensdauer« eines Hochbeetes. So bleibt durch Anbau in Mischkultur mit Flach-, Mittel- und Tiefwurzlern sowie konsequenter Bodenpflege mit Mulch und Gründüngung zum einen der Nährstoffgehalt über lange Zeit erhalten. Ein kompletter Substratwechsel nach fünf bis sieben Jahren erübrigt sich dann. Zum anderen reduziert die sehr gute Wasserhaltefähigkeit des Substrats das bei Hochbeeten üblicherweise notwendige häufigere Gießen.

Hochbeete gibt es in unterschiedlichsten Ausführungen in Stein oder aus Holz – Bauanleitungen hierfür werden in einschlägiger Fachliteratur beschrieben (siehe Literaturtipp auf Seite 152). Beim Selberbauen eines Hochbeets aus Holz sollten wir bei der Auswahl der Materialien auf »konstruktiven Holzschutz« achten: Douglasie, Lärche und Robinie sind besonders harte und widerstandsfähige Holzarten und verfügen dank eines hohen Anteils an Harz und Gerbsäure über einen natürlichen Holzschutz. Alle Holzbauteile, von den Seitenbrettern über Stützpfosten bis zu den Abdeckbrettern auf den Oberkanten, sollten möglichst aus dem gleichen Material bestehen, um ein Verziehen der Konstruktion zu vermeiden. Schrauben sollten immer aus Edelstahl sein, andere Metalle korrodieren oder reagieren mit den Gerbsäuren im Holz. Zur Innenauskleidung des Hochbeets empfiehlt sich Kautschuk-Teichfolie, die zwar teurer als herkömmliche, aber biologisch unbedenklich ist und keine Weichmacher enthält.

Mit der bei Urban-Gardening-Projekten entwickelten »Sandwich-Methode« können wir beim Befüllen eines neuen Hochbeetes einen fermentierten Pflanzenkohle-Bokashi bereits mitverwenden. Dazu muss in einem ersten Schritt das Startmaterial in Kunststoffsäcken oder einer ausgedienten Regentonne fermentieren (siehe Seite 60). Das weitere Vorgehen hängt davon ab, ob das Hochbeet Bodenkontakt hat oder ob es sich um ein auf Paletten montiertes Hochbeet ohne Bodenkontakt handelt, wie es beim Urban Gardening auf Beton- oder Asphaltuntergrund zum Einsatz kommt.

Wie dies im Einzelnen funktioniert, zeigt das Beispiel eines gemeinschaftlich gebauten und bepflanzten Hochbeets mit Bodenkontakt in einem Kleingartenverein (siehe Fotos auf Seite 96 und 97).

Hochbeete befüllen Schritt für Schritt

Auf den mit einem Wühlmausgitter geschützten Boden kommt als unterste Schicht Reisig. In einem Palettenbeet geschieht dies auf einem mit Folie bedeckten Boden, der Wasserabzugslöcher haben muss. Der Wasserabzug verhindert Staunässe durch Verdichtung aufgrund des hohen Drucks. Über die Reisigschicht wird eine teilkompostierte Laubschicht geschüttet; hierbei sollte der Anteil von schwer zersetzbarem Laub wie von Eiche oder Walnussbaum möglichst gering sein. Als Nächstes wird humushaltige Gartenerde eingefüllt, darüber wird der fermentierte

Pflanzenkohle-Kompostansatz verteilt. Den Abschluss bildet wieder eine etwa 15 bis 20 cm hohe Gartenerdeschicht. Ist der Gartenboden sehr lehmhaltig und neigt er zur Staunässe, kann etwas Sand untergemischt werden.

Das Hochbeet sollte insgesamt bis etwa 5 cm unterhalb des oberen Randes gefüllt werden, damit die Pflanzen gut durchlüftet werden und nach Regengüssen besser trocknen. Bei einer tieferliegenden Bepflanzung können sich an Blattunterseiten Feuchtigkeitsinseln bilden, die Pilzerkankungen fördern.

Beim Palettenbeet, das keinen Unterbodenkontakt hat, müssen von oben Kompost- und Regenwürmer eingesetzt werden (z. B. aus einer Wurmfarm). Beim Hochbeet mit Bodenkontakt wandern sie von alleine ein. Eine hohe Anzahl Kompostwürmer verarbeitet den Pflanzenkohle-Ansatz in der mittleren Schicht relativ rasch zu Humus, sorgt für eine gute Durchmischung und Durchlüftung und schafft ein ideales Milieu für andere nützliche Bodenorganismen.

In die obere Erdschicht können direkt nach dem Befüllen Saatgut ausgesät oder vorgezogene Pflanzen eingesetzt werden. Bis die Pflanzen ihre endgültige Wurzeltiefe erreicht haben, ist die Vererdung des Kompostmaterials so weit fortgeschritten, dass keine keim- oder wurzelhemmende Wirkung von einer eventuell nicht vollständig beendeten Fermentierung zu befürchten ist. Eine Bepflanzung in Mischkultur mit unterschiedlichen Wurzeltiefen fördert eine Durchmischung und Verteilung der Nährstoffe zwischen den Bodenschichten.

Auch für Hochbeete gilt: immer bedeckter Boden! Lücken zwischen abgeernteten Pflanzen füllen wir mit abgeschnittenen und klein geschnittenen Pflanzenteilen als Mulchschicht und nach der letzten Ernte im Jahr säen wir am besten einen im Winter abfrierenden Gründünger aus. Alternativ können wir Feldsalat aussäen und das Hochbeeet mit Reisig oder gebündelten Stängeln von Ernterückständen abdecken. Wenn wir diese im Frühjahr entfernen, können wir sehr zeitig im Jahr frisches Grün für vitaminreiche Salate oder Smoothies ernten.

Auf das Wühlmausgitter kommt zuerst eine Schicht Reisig.

Teilkompostiertes Laub bildet die zweite Schicht.

Humushaltige Gartenerde wird über das Laub gestreut.

Der fermentierte Kompostansatz kommt jetzt hinzu und wird verteilt.

Humushaltige Gartenerde bildet bis etwa 5 cm unterhalb des Randes die oberste Schicht.

Jetzt kann gepflanzt und eingesät werden, am besten in passender Mischkultur.

Mulchen ist auch im Hochbeet sinnvoll, dafür am besten abgeschnittene Pflanzenteile verwenden. Mit einer Teichfolie aus Kautschuk können die Hochbeete innen ausgekleidet werden, um die Bretter vor Feuchtigkeit zu schützen.

Vor dem Winter eingesäter und überzähliger oder zu blühen beginnender Feldsalat kann wie Gründünger abgeschnitten und mit einer Kompostgabe oberflächlich eingeharkt oder als Mulch zwischen den nächsten Kulturen verwendet werden. Für die Kulturen der nächsten Jahre gilt dasselbe Schema wie beim Hügelbeet (siehe Seite 90).

Mischkultur im Hochbeet

Bei der Bepflanzung im Hochbeet (und generell im Gemüsebeet) sind mehrere Faktoren zu beachten: Höhe und Wurzeltiefe der Pflanzen, der Bedarf an Licht und Wasser, der Nährstoffbedarf, die Kulturdauer, die botanische Verwandtschaft sowie die Verträglichkeit der einzelnen Gemüsearten miteinander.

Die Gemüsepflanzen werden in zwei Gruppen eingeteilt: Die eine umfasst Arten mit langer Wachstumszeit, sogenannte Hauptkulturen, z. B. Kartoffeln, Möhren, Gurken und Mais. Die zweite umfasst Vor- und Nachkulturen, deren Kulturperiode früh oder spät beginnt und nur kurz währt, wie Buschbohnen, Feldsalat, Kohlrabi, Spinat und Radieschen. Eine Fruchtfolge ist also eine Hauptkultur mit einer Vor- oder Nachkultur, die zeitlich versetzt im selben Beet angebaut werden kann. Gesät oder gepflanzt wird entweder zuerst die Gemüseart mit kurzer

Eher zu trocken als zu nass

In der Regel fließt kaum Wasser ab, die Erfahrung hat gezeigt, dass in den unteren Schichten Trockenheit das größere Problem im Hochbeet ist. Dem kann begegnet werden, indem zwischen der untersten und der obersten Schicht hin und wieder Bruchstücke von unglasierten Keramiktöpfen, Dachziegeln und Ziegelsteinen untergemischt werden. Die porige Oberfläche hält in trockenen Phasen Feuchtigkeit und wird gerne von nützlichen Bodenbakterien besiedelt – ein Effekt, der durch die reichlich vorhandenen Keramikscherben auch in den Terra-Preta-Böden Amazoniens mit Sicherheit ebenfalls von Vorteil war.

Gewusst wie, gedeihen Gemüse, Kräuter und Blumen in Mischkultur besonders gut.

Kulturzeit und nach deren Ernte die Hauptkultur oder umgekehrt. Beispiele: Spinat ist eine gute Vorkultur für Möhren. Buschbohnen werden meist als Nachkultur auf abgeerntete Frühkartoffelbeete gesät; kälteunempfindlicher Feldsalat wird nach Ende der Hauptkultur ausgesät, z. B. nach Bohnen, Kohlarten oder Zwiebeln.

Folgendes ist jedoch zu bedenken: Gemüsearten mit einem hohen Platzbedarf sind für Hochbeete nicht empfehlenswert, dazu zählen Zucchini, Kürbis oder Rhabarber, diese sollten einen Standort im ebenerdigen Beet haben. Ebenso benötigen die meisten Kohlarten, vor allem Wirsing, und Kopfsalate einen breiten Pflanzabstand und haben im Hochbeet allenfalls einen Solitärplatz. Rosenkohl oder Grünkohl der Sorten 'Ostfriesische Palme' oder 'Rote Palme', die den Platz eher vertikal nutzen, können hier allerdings sehr reizvolle Akzente setzen. Statt Kopfsalat können wir Asia-Salate, Pflücksalate oder Endivien pflanzen.

Durch Pflanzen von Mischkulturen und Fruchtwechsel können wir Krankheiten und Schädlingsbefall vorbeugen. Für die Planung der geeigneten Pflanzen bzw. der Fruchtfolge ist die botanische Verwandtschaft wichtig, da Gemüsearten aus einer Pflanzenfamilie aus Pflanzenschutzgründen nur im Abstand von 4 bis 7 Jahren auf derselben Fläche angebaut werden sollten. Da dies in nur einem Hochbeet schwierig ist, empfiehlt es sich, mehrere Hochbeete gleichzeitig zu bewirtschaften.

Eine einfache Methode ist die Rotation von Starkzehrern, Mittelzehrern und Schwachzehrern. Wie bei der Vier-Beet-Methode im Freiland bepflanzen wir jedes Hochbeet nur mit Pflanzen einer Gruppe und wechseln dann jedes Jahr (siehe dazu die Abbildung auf Seite 91). In einem Beet mit Pflanzen, die einen hohen Nährstoffbedarf haben, folgen im nächsten Jahr Mittel- und im übernächsten Jahr Schwachzehrer. Im vierten Jahr können wir das Beet mit Leguminosen bepflanzen, die das Substrat wieder mit Stickstoff anreichern. Dazu zählen z. B. Erbsen oder Bohnen sowie diverse Gründünger. Das Beet für Starkzehrer wird vor der Bepflanzung mit Pflanzenkohle-Kompost, Mist und/oder anderen organischen Düngern vorbereitet. Im Laufe der Wachstumsperiode wird

Auch in Hochbeeten hat es sich bewährt, passende Pflanzennachbarn zu kombinieren und die Fruchtfolge jedes Jahr zu planen.

dann mit stickstoffreichen Düngern, z. B. Brennnesseljauche oder Komposttee, nachgedüngt. Mit einer solchen Anbaustrategie nutzen wir die Möglichkeiten von Hochbeeten optimal und verbessern unser Schwarzerde-Substrat sogar von Jahr zu Jahr immer mehr.

Faustregel

Geeignete Partner für die Fruchtfolge haben unterschiedlich lange Kulturzeiten, gehören unterschiedlichen Pflanzenfamilien an und haben einen unterschiedlich hohen Nährstoffbedarf.

Pflanzennachbarn: Wer »kann« mit wem?

Pflanze*	Gute Nachbarn	Schlechte Nachbarn
Buschbohnen	Bohnenkraut, Erdbeeren, Gurken, Kohlarten, Kopfsalat, Rote Bete, Pflücksalat, Sellerie, Tomate	Erbsen, Fenchel, Knoblauch, Lauch, Zwiebeln
Endivien	Fenchel, Kohlarten, Lauch, Stangenbohnen	Radicchio
Erbsen	Dill, Fenchel, Gurken, Kohlarten, Kohlrabi, Kopfsalat, Mais, Möhren, Radieschen, Zucchini	Bohnen, Kartoffeln, Knoblauch, Lauch, Tomaten, Zwiebeln
Erdbeeren	Borretsch, Buschbohnen, Knoblauch, Kopfsalat, Lauch, Radieschen, Schnittlauch, Spinat, Zwiebeln	Kohlarten
Fenchel	Endivien, Erbsen, Feldsalat, Gurken, Kopfsalat, Pflücksalat, Salbei	Bohnen, Tomaten
Gurken	Bohnen, Dill, Erbsen, Fenchel, Kohlarten, Kopfsalat, Kümmel, Lauch, Mais, Rote Bete, Sellerie, Zwiebeln	Tomaten, Radieschen
Kartoffeln	Dicke Bohnen, Kohlarten, Kohlrabi, Kümmel, Mais, Tagetes, Spinat	Kürbis, Tomaten, Sellerie, Sonnenblumen
Knoblauch	Erdbeeren, Gurken, Himbeeren, Lilien, Möhren, Obstbäume, Rosen, Rote Bete, Tomaten	Erbsen, Kohlarten, Stangenbohnen
Kohlarten	Bohnen, Dill, Endivien, Erbsen, Kartoffeln, Kopfsalat, Lauch, Sellerie, Spinat, Tomaten	Erdbeeren, Knoblauch, Senf, Zwiebeln
Kohlrabi	Bohnen, Erbsen, Kartoffeln, Kopfsalat, Lauch, Radieschen, Rote Bete, Sellerie, Spinat, Tomaten	Brokkoli, Fenchel
Kopfsalat	Bohnen, Dill, Erbsen, Erdbeeren, Gurken, Kohl, Lauch, Möhren, Tomaten, Zwiebeln	Petersilie, Sellerie

Pflanze*	**Gute Nachbarn**	**Schlechte Nachbarn**
Lauch	Erdbeeren, Kohlarten, Kopfsalat, Möhren, Sellerie, Tomaten	Bohnen, Erbsen, Rote Bete
Möhren	Dill, Erbsen, Knoblauch, Lauch, Radieschen, Rettich, Schnittlauch, Tomaten, Zwiebeln	Petersilie, Rote Bete
Radieschen/ Rettich	Bohnen, Erbsen, Kohl, Kopfsalat, Möhren	Gurken
Sellerie	Buschbohnen, Gurken, Kohlarten, Kohlrabi, Lauch, Spinat, Tomaten	Kartoffeln, Kopfsalat, Mais
Tomaten	Buschbohnen, Knoblauch, Kohlarten, Kohlrabi	Erbsen, Fenchel, Kartoffeln
Zucchini	Kopfsalat, Lauch, Möhren, Petersilie, Rote Bete, Sellerie, Spinat, Stangenbohnen, Zwiebeln	Radieschen, Rettich
Zwiebeln	Bohnenkraut, Erdbeeren, Dill, Kopfsalat, Möhren, Rote Bete	Bohnen, Erbsen, Kohlarten

* im Hochbeet auf Platzbedarf achten

Pflanzenkohle-Kompost für mobile Gärten

Pflanzenkohle-Kompost lässt sich auch sehr gut zum Mischen von Substraten für die Kübel- und Blumentopfkultur verwenden. Ebenso für das Gärtnern in Pflanztaschen, Pflanzsäcken oder Pflanzbeuteln, die in vielfältigen Formen und Materialien vor allem für den Einsatz im »urbanen Großstadtdschungel« gedacht sind.

In den meisten handelsüblichen Substraten wird zur Strukturverbesserung und Vorbeugung gegen Verschlämmung Torf eingesetzt. In den hier vorgestellten Mischungen wird Torf durch Kokosfasern ersetzt, die zwar durch den Transport von weither keine gute Umweltbilanz aufweisen, aber ein Abfallprodukt aus der Herstellung von Kokosprodukten sind und keine Zerstörung von Hochmooren zur Folge haben. Allerdings können sie manchmal höhere Salzgehalte aufweisen. Auch aufbereitete, also vorkompostierte, Holzfasern von Resten aus Holzwerken eignen sich zur Strukturverbesserung sowie kleinere Ton- oder Lavasplitter.

Die folgenden Substratmischungen für Tomatenpflanzen in Topf- und anschließender Kübelkultur sind auch sehr gut für andere Starkzehrer in Töpfen, Pflanztaschen oder Säcken geeignet. Für die Aussaat Anfang oder Mitte März in einer Schale auf der Fensterbank verwenden wir selbst gemachte Anzuchterde.

In selbst gemischter Anzuchterde vorgezogene Radieschen können jetzt umgepflanzt werden.

Rindenhumus zum Mischen

Mischungsverhältnis für Anzuchterde:

- ⅓ Sand
- ⅓ sterilisierte Gartenerde oder Maulwurfshügelerde (hat weniger Wildkrautsamen) oder Rindenhumus (kein Rindenmulch!)
- ⅓ fein gesiebter, gut vererdeter Pflanzenkohle-Kompost

Die Gartenerde je nach benötigter Menge mit schwarzer Folie bedecken und eine Weile der Sonne aussetzen oder bei 150 °C etwa 45 Minuten im Backofen sterilisieren. Auch die Sterilisierung in der Mikrowelle, 10 Minuten bei 800 Watt, ist möglich.

Rindenhumus ist bereits stark zersetzte, vorkompostierte Rinde, die erdähnlich aussieht. Bitte nicht mit Rindenmulch verwechseln.

Nachdem sich nach den Keimblättern die ersten Laubblätter entwickelt haben, pikieren wir die Jungpflanzen und pflanzen sie zur Weiterkultivierung in einen Blumentopf (Durchmesser 9 cm) mit Jungpflanzen-Substrat.

Mischungsverhältnis für Jungpflanzen-Substrat:

- 45 (Volumen-)Prozent fein gesiebter, gut vererdeter Pflanzenkohle-Kompost
- 40 (Volumen-)Prozent Rindenhumus (kein Rindenmulch!)
- 15 (Volumen-)Prozent Perlite (ein Glasmineral zur Durchlüftung von Substraten)

In der zweiten Maihälfte pflanzen wir die Topfpflanzen einzeln etwa 10 cm tief unterhalb der Topfoberkante in 10-Liter-Pflanzkübel mit Pflanzkübel-Substrat (siehe Seite 106). Beim Einsetzen entfernen wir, wenn nötig, den unteren Blattkranz. Zur Drainage geben wir etwa 3 cm hoch Blähton auf den Boden des Kübels.

Mischungsverhältnis für Pflanzkübel-Substrat:

- ⅓ fein gesiebter, gut vererdeter Pflanzenkohle-Kompost
- ⅓ Rindenhumus (kein Rindenmulch!)
- ⅓ mineralischer Zuschlagstoff wie Lava, Bims oder Blähton

Dazu:

- 5 (Volumen-)Prozent Kokosfaser (Pressziegel)
- N-Düngung mit Hornspänen, feine Körnung (Faustregel: 400 g pro 100 l Substrat), oder pflanzliche Alternative

Die zusätzliche Stickstoffdüngung ist für Starkzehrer wie Tomaten, Kürbis, Paprika, Gurke, Aubergine und Zucchini wichtig. Bei der Mischung eines Substrats zur Kultur von Schwach- bis Mittelzehrern werden die Hornspäne weggelassen.

Eine mögliche Alternative zu Hornspänen sind Düngepellets aus Schafwolle (1 kg pro 100 l Substrat), die auch Kalium enthalten, wasserspeichernd und als Langzeitdünger wirken, sich wegen ihrer Größe jedoch weniger gut verteilen lassen und auch teurer sind. Eine pflanzliche Alternative ist Phytogrieß aus Rückständen von Mais, Getreide, Kartoffeln und Zuckerrüben in 0,2 – 2 mm Körnung (800 g pro 100 l Substrat). Zu beachten: Jungpflanzen erst etwa sieben Tage nach Einarbeitung dieses Düngers pflanzen.

Die in Pflanzenkohle-Substrat umgepflanzten Radieschen werden zusätzlich noch gemulcht.

Nach etwa acht Wochen können wir im Kübel, Pflanzsack oder in der Pflanztasche eine Pflanzenkohle-Substratschicht als Kopfdünger um den »Stamm« herum aufbringen. Für den Rest der Vegetationszeit wird nach Bedarf mit Pflanzenjauche (Rezept siehe Seite 124) oder Bioflüssigdünger aus dem Handel gedüngt.

Beim Anbau von Tomaten können wir zum Mulchen die zerkleinerten Seitentriebe der Tomatenpflanze nehmen, die regelmäßig ausgegeizt, also entfernt werden. Eine gute Unterpflanzung ist ein niedriger Basilikum, der ebenfalls nährstoffreiche Erde benötigt. Tomate und Basilikum ergeben nicht nur auf dem Teller ein gutes Paar, sie schützen sich mit ihrem starken Geruch auch gegenseitig vor Schädlingen. Rucola, Petersilie und niedrige (Gewürz-)Tagetesarten sind als Unterpflanzungen auch gut geeignet. Zum Mulchen von Kübelpflanzen können wir auch Grasschnitt, abgeschnittene, zerkleinerte Pflanzenteile oder welke Blätter von der »Mutterpflanze« verwenden. Damit das Mulchmaterial nicht vom Wind verweht oder von gefiederten Nachbarn zerzaust oder stibitzt wird, ist es ratsam, die Mulchdecke mit Tonscherben oder kleinen Steinen zu beschweren.

Gärtnern in Kisten

Auch in lange haltbaren Bäckerkisten aus lebensmittelgeeignetem Kunststoff können wir Pflanzen ziehen. Bekannt geworden ist diese Methode durch die Prinzessinnengärten in Berlin. Die durchbrochenen Stapelbehälter im Euronorm-Format sind in unterschiedlichen Höhen erhältlich und werden zum Gärtnern übereinander gestellt.

Dazu kleiden wir die untere Kiste mit Zeitungspapier, Pappe oder Vlies aus, eine Drainage ist nicht nötig. Stehen die Kisten auf einem versiegelten Boden, z. B. auf dem Balkon, sollten wir sie jedoch in eine Wanne zum Aufffangen von überschüssigem Gießwasser setzen. Nun füllen wir eine 5 cm hohe Schicht Gartenerde oder torffreie Pflanzerde hinein, darüber etwa 20 cm hoch gehäckselten Grünschnitt, halbfertigen Kompost bzw. Bokashi und darüber Gartenerde oder torffreie Pflanzerde bis an den obersten Rand. In die obere Kiste, bei der nur der Rand,

Kistenbeete sind mobil und machen den Anbau von Blumen und Gemüse auch auf versiegelten oder belasteten Böden in der Stadt möglich. Werden die Bäckerkisten auf dem Balkon gestapelt, bitte die Tragkraft des Balkons beachten!

aber nicht der Boden ausgekleidet wird, füllen wir eine Mischung aus Pflanzenkohle-Kompost und Gartenerde (1:1 für Starkzehrer; 1:3 für Schwachzehrer). Ist die Gartenerde sandig, mischen wir etwas Tonmehl darunter; lehmhaltige Gartenerde wird durch den Kompost gelockert.

Für die Bepflanzung sind Gemüsearten mit wenig Platzbedarf geeignet. Bei Pflanzen mit kurzer Kulturdauer sind zwei bis drei Kulturfolgen möglich, wobei wir immer wieder mit Flüssigdünger (Pflanzenjauche) nachdüngen müssen. Nach der letzten Ernte entfernen wir die Erde bis auf 5 cm Höhe aus der oberen Kiste, befüllen diese nach dem zuerst genannten Schema und stellen sie nach unten. Die untere Kiste kommt nun zum Neubepflanzen oder zur Direktaussaat (im Frühjahr mit Folienabdeckung zum Schutz vor Frost) obenauf. Die oberen Kisten können zur Anzucht auch in einem hellen, nicht zu warmen Raum stehen und nach den Eisheiligen ins Freie gebracht werden.

Ein Kistengarten im Hochbeetformat entsteht aus vier 35 cm hohen Bäckerkisten mit den Außenmaßen 60 × 40 cm als Unterbau und weiteren vier Kisten mit den selben Maßen darüber. Stehen die Kisten auf einer 120 × 80 cm großen Europalette, ergibt dies eine Beethöhe von fast 80 cm. Für niedrigere Beete stapeln wir zwei 24 cm hohe Bäckerkisten übereinander. Eine Kombination aus Kisten verschiedener Höhe ist auch möglich, wobei die höhere Kiste unten stehen sollte. Solche »Hochbeete« sind ideal für Kinder!

Wichtig beim Gärtnern auf dem Balkon in Kübel, Säcken oder Kisten: auf das Gewicht achten! Die Faustregel für maximale Tragkraft bei einem Standardbalkon lautet 300 kg pro m^2.

Pflanzenkohle-Kompost auf Baumscheiben

Auch Baumscheiben lassen sich bepflanzen: mit dekorativen Bodendeckern, Blumen und Stauden oder im Rahmen eines Waldgartens nach dem Konzept der Permakultur. Vorbild ist hier der Regenwald mit seinem mehrdimensionalen System in Ebenen oder Stockwerken. Allerdings kommen für eine Bepflanzung der Baumscheibe nur tiefer wurzelnde Bäume in Frage. Das sind viele in unseren Regionen vorkommende Obstbäume wie zum Beispiel der Apfelbaum sowie Vogelbeere, Lederblättriger Weißdorn bzw. Apfeldorn, Eiche und Kiefer. In unseren Breiten flach wurzelnde Bäume wie Fichte, Spitz-Ahorn und Birke durchwurzeln den Oberboden und entziehen Begleitpflanzen das Wasser. Baumarten wie Eiche und Walnuss, deren Laub das Wachstum anderer Pflanzen hemmt, sind ebenfalls nicht geeignet. Für die Unterpflanzung sind wiederum flachwurzelnde Arten die bessere Wahl.

Mit Pflanzenkohle-Kompost ist ein produktives Miteinander auf kleinster Fläche möglich:

- Zunächst befreien wir die Baumscheibe von Wildkraut und suchen die Lücken zwischen den größeren Wurzeln. Dort lockern wir vorsichtig den Boden und markieren geeignete Pflanzstellen mit kleinen Stäben.
- Danach bringen wir eine etwa 10 cm starke Schicht mit gut gereiftem Kompost auf. Dabei müssen wir einen mindestens 20 cm breiten Bereich um den Stamm herum freilassen.
- Bei den Markierungen setzen wir die vorgesehenen Pflanzen ein, wässern sie und decken das übrige Erdreich mit Mulch (z. B. dünne Schicht angetrockneter Rasenschnitt) ab.

Die nicht bewachsenen Stellen auf einer Baumscheibe sollten stets gemulcht werden, da Mulch zum einen die Erde vor zu starker Austrocknung durch Sonne und Wind schützt, zum anderen unerwünschtes Wildkraut unterdrückt und Nahrung für das Bodenleben liefert (siehe auch Seite 132).

Kapuzinerkresse und Ringelblumen sind dekorativ und stärken als Unterwuchs gleichzeitig Gehölze und Bäume. Meist samen sie selbst wieder aus.

Ideal ist eine Bepflanzung mit pflanzenstärkenden oder schädlingsabwehrenden Pflanzen: Brennnessel, Beinwell, Kamille, nichtrankende Kapuzinerkresse, Knoblauch, Ringelblumen, Tagetes oder Zitronenmelisse. Unter noch jungen Bäumen mit wenig Schattenwurf können auch Küchenkräuter und Pflücksalat angebaut werden. Ab dem Herbst fügen wir kein Mulchmaterial mehr zu, damit sich darin keine Wühlmäuse verstecken. Im Frühjahr entfernen wir abgefrorene Reste der Bepflanzung und lockern den Boden durch oberflächliches Hacken oder Grubbern, damit Luft eindringen und sich der Boden im Frühjahr leichter erwärmen kann. Bei der Gelegenheit können wir eine halbe Handvoll Kalk auf die Oberfläche streuen. Der damit verbundene Anstieg des pH-Wertes hemmt das Pilzwachstum und fördert die Aktivität nützlicher Mikroorganismen. Die Bepflanzung kann nach wie vor aus ein- oder zweijährigen Pflanzen bestehen, wobei sich viele von selbst aussamen, oder aus Stauden. Mit dem ersten Rasen- oder Wiesenschnitt wird die Baumscheibe wieder gemulcht, zuvor wird dünn eine gereifte Kompostschicht aufgebracht.

Bodenpflege für dauerhafte Bodenfruchtbarkeit

Die Bodenfruchtbarkeit wird neben den Standorteigenschaften wie Bodentyp, Wasserspeichervermögen und Klima auch durch die Art der Bewirtschaftung wie Fruchtfolge, Bodenbearbeitung und Düngung beeinflusst. Der Begriff wird hauptsächlich in der Landwirtschaft verwendet und bedeutet die Fähigkeit eines Bodens, Pflanzen mit Nährstoffen und Wasser zu versorgen und somit Biomasse zu produzieren. Alternativ wird auch von der Ertragsfähigkeit oder Produktivität des Bodens gesprochen. Diese Definitionen haben vor allem die chemisch-physikalischen Eigenschaften im Blick und die Vorstellung, dass sich jeder »Mangel« des Bodens mit Düngung beheben lässt, insbesondere mit mineralischer NPK-Düngung. Aber das ist zu einfach gedacht: Ein fruchtbarer Boden ist ein *belebter* Boden und nicht nur ein »Gefäß« für Nährstoffe. Es muss also noch eine biologische Komponente geben.

◀ Prachtvolle Milpa auf Pflanzenkohle-Komposterde im Kleingarten: Amarant, Tomaten und Kapuzinerkresse ergänzen die Drei Schwestern (Kürbis, Mais und Bohnen).

Humus und die Rolle des Bodenlebens

In einer Handvoll Boden können, zahlenmäßig gesehen, mehr Bodenorganismen existieren, als es Menschen auf der Erde gibt. Ihre Anzahl variiert jedoch je nach Bodenart. Viele der Bodenlebewesen sind noch nicht einmal genau bekannt. Die Bedeutung ihrer Tätigkeit und die der größeren Bodentiere wie Regenwürmer, Asseln und anderen hat der Hofbesitzer und Begründer der Agrarwissenschaft Albrecht Thaer schon im 18./19. Jahrhundert erkannt: Bodenfruchtbarkeit war für ihn die »alte Kraft«. Heute verstehen wir darunter das Zusammenwirken der gesamten **organischen Bodensubstanz.** Sie besteht aus:

- einem belebten Teil, dem Edaphon (von griech. *edaphos* = Erdboden),
- einem in Zersetzung befindlichen Teil, dem Detritus (von lat. *detritus* = abgerieben),
- einem zersetzten und neu geformten Teil, dem Humus (von lat. *humus* = Erde, Boden).

Der Biologe Raoul Heinrich Francé fasste unter dem Begriff »Edaphon« die Gesamtheit des Bodenlebens zusammen. Neben lebenden Pflanzenwurzeln zählen dazu Bodenorganismen, die sich in Bodenflora (Bakterien, Strahlenpilze, Pilze, Algen, Flechten) und Bodenfauna gliedern. Letztere wird unterteilt in Mikrofauna (Wimperntiere, Geißeltiere, Amöben, Fadenwürmer), Mesofauna (Springschwänze, Rädertiere, Milben), Makrofauna (Borstenwürmer, Asseln, Insekten, Regenwürmer) und Megafauna (Wühlmäuse, Spitzmäuse, Maulwürfe). Diese Bodenflora und -fauna finden wir in humusreicher Erde und im Kompost.

Einige dieser Spezialisten leben von der Zersetzung abgestorbener Reste von Pflanzen und Tieren, andere von der Umwandlung dieser organischen Stoffe in anorganische Stoffe oder neue organische Verbindungen. Bei der Kompostierung und der anschließenden Vererdung spielen Vertreter aus beiden Gruppen eine wichtige Rolle. Am Ende dieser Prozesskette bildet sich Humus.

Humus macht den Hauptanteil der organischen Substanz des Bodens aus. Der Boden enthält aber auch **mineralische Substanzen,** die durch mechanische und chemische Verwitterung aus Felsgestein über Geröll, Kies, Sand, Schluff bis hin zu feinen Tonpartikeln entstanden sind.

Die Vermischung und insbesondere die Verbauung organischer Substanz mit Tonmineralen zu wertvollen **Ton-Humus-Komplexen** ist zum großen Teil das Werk von Regenwürmern. Sie gehören zu unseren wertvollsten Helfern im Garten, denn sie sind fähig, 100 Tonnen Regenwurmkot pro Hektar und mehr zu produzieren, wenn sie genug organische Substanz zu fressen bekommen. Im Wurmkompost reichern sich mineralische Bestandteile des Bodens und Nährstoffe aus der organischen Masse mit Enzymen aus dem Stoffwechsel der Würmer an und werden dadurch pflanzenverfügbar. Er enthält auch mehr Nährstoffe und Spurenelemente als »normale« Erde.

Einen Boden mit stabiler Krümelstruktur aus Ton-Humus-Komplexen nennen Landwirte und Gärtner einen »garen Boden«. Er ist erkennbar an runden Krümeln auf dem Spaten, an einer netzartigen Struktur aus Wurzeln und Krümeln und an einem angenehmen Erdgeruch. Die Krümelstruktur sorgt einerseits dafür, dass der Boden Wasser besser speichert, andererseits profitieren die Pflanzenwurzeln, indem sie mit Luft versorgt werden und sich in dem Krümelgefüge einschließlich der Regenwurmgänge besser entwickeln können als in einem verdichteten Boden.

Springschwänze, Regenwürmer, Tausenfüßer und Borstenwürmer sind in humusreicher Erde reichlich zu finden.

Wie lässt sich garer, feinkrümeliger Boden erkennen? Am besten mit einer Spatenprobe

Dazu drücken wir einen gut geschärften, flachen Spaten mit langem Blatt senkrecht in den Boden. Je nach Widerstand beim Eindrücken erkennen wir bereits, ob der Boden eher locker oder verdichtet ist. Um einen Klotz zur späteren Analyse auszuheben, stechen wir mit einem zweiten Spaten direkt parallel hinter dem Blatt des Flachspatens senkrecht in den Boden. Dann stechen wir auf der Vorderseite des Flachspatens links und rechts im rechten Winkel mit einem seitlichen Abstand von rund 10 cm zu den Kanten des Flachspatens zwei Schlitze in den Boden. Im Anschluss entnehmen wir mit dem Flachspaten den Bodenprofilklotz, den wir in waagerechter Lage auf den Zustand des Gefüges (locker, mittel, fest, eventuell vorhandene Schichten bzw. Horizonte), Bodenfeuchte und Wurzelwachstum hin untersuchen.

Mithilfe zweier Spaten markieren wir die auszuhebende Bodenfläche und heben einen Bodenprofilklotz zum Untersuchen heraus.

Humus ist ein lebendiges System im Boden

Im **Nährhumus** sind rasch abbaubare organische Stoffe, Kohlenhydrate wie Cellulose, Zucker und Stärke (meist < 50 Prozent), Lignin (10 – 40 Prozent) und stickstoffhaltige Verbindungen (meist > 10 Prozent) enthalten. Er dient den meisten Bodenorganismen als Nahrungsquelle. Durch die Mineralisierung werden die in der organischen Substanz gebundenen Nährstoffe freigesetzt und von Pflanzen über die Feinwurzeln je nach Bedarf aufgenommen, oft in Symbiose mit Wurzelpilzen, der sogenannten Mykorrhiza. Der Mykorrhiza-Pilz steht mit der Pflanzenwurzel in engem Kontakt, wobei beide Organismen von der Symbiose profitieren: Der Pilz vergrößert die Wurzelfläche und ermöglicht der Pflanze so eine bessere Wasser- und Nährstoffaufnahme, vor allem Phosphor. Die Pflanze gibt dem Pilz einen Teil der durch die Photosynthese erzeugten Glukose ab, die der Pilz aufgrund fehlenden Blattgrüns nicht selber produzieren kann. Der Nährhumus liefert die Bausteine für den Aufbau der Huminstoffe des Dauerhumus.

Pflanzenkohle-Kompost bietet dem Bodenleben reichlich Nährhumus und schafft zugleich die Grundlage für den Aufbau von Dauerhumus.

Dauerhumus wird nur sehr langsam abgebaut und kann über Jahrhunderte stabil bleiben (Beispiel: Terra Preta). Er ist an der Bildung von Ton-Humus-Komplexen und einer stabilen Krümelstruktur im Boden beteiligt und bildet sich bereits im Endstadium der Kompostierung und durch den Abbau von Nährhumus vor allem in der Vegetationszeit. Dauerhumus macht den größten Teil der organischen Substanz des Bodens aus (bis 90 Prozent), enthält die Hauptmasse des Bodenstickstoffs, bindet Wasser und Nährstoffe und gibt beides an die Pflanzen ab. Durch Synthese entstandene Substanzen wie Huminstoffe und -säuren geben humushaltigem Boden die dunkle Farbe. Der Gehalt an Dauerhumus im Boden ist ein bestimmender Faktor für die Bodenfruchtbarkeit.

Mit Pflanzenkohle-Kompost stellen wir dem Bodenleben ein ausreichendes Angebot an Nährhumus zur Verfügung und schaffen zugleich durch den Aufbau von Dauerhumus die Basis für dauerhafte Bodenfruchtbarkeit. Ebenso werden die Bodenmikroorganismen in ihrem Stoffwechsel aktiviert und machen die von Pflanzen benötigten mineralischen Nährstoffe, die als organische Verbindungen in organischen Bodennährstoffen vorliegen, für diese verfügbar.

Umgraben – ja oder nein?

Früher führten Gärtnerinnen und Gärtner eine Bodengare herbei, indem sie im Herbst den Boden pflügten oder umgruben, damit die »Scholle« im Winter durchfror und sie im Frühjahr einen lockeren Boden bestellen konnten (Frostgare). Das zerstört jedoch das Bodenleben: In tiefen Schichten lebende anaerobe Organismen werden an die Oberfläche befördert und sauerstoffliebende in tiefe Bodenschichten, wobei beide Arten eingehen; zugleich werden die Regenwurmgänge zerstört. Im Garten verwenden wir heute anstatt eines Spatens zum Umgraben nur bodenlockernde Geräte wie Grabegabel oder Sauzahn, um den Oberboden zu belüften. Ein Kultivator oder eine einfache Gartenharke helfen uns, die Bodenoberfläche gleichmäßig zu krümeln und den Kompost leicht unterzuarbeiten. Ziel ist eine schonende Bearbeitung, ohne die Bodenschichten durcheinanderzubringen. Gründüngung, Mulchen und Mischkultur schaffen ebenfalls eine günstige Bodengare.

Die Gründüngung mit Ölrettich ist auf schwer zu bearbeitenden Böden eine gute Alternative.

Für schwer zu bearbeitende Tonböden oder stark lehmhaltige Böden ist Ölrettich *(Raphanus sativus)* die »sanfte« Lösung ohne Spaten. Die Pflanze wird 50 bis 100 cm hoch und entwickelt eine kräftige Pfahlwurzel, die den Boden bis zu 1,50 m tief durchwurzelt und somit aufschließt. Der Ölrettich wurde schon in der Antike zur Ölgewinnung (aus den Samen) gezüchtet, was auch in China und Japan heute noch geschieht. Hierzulande wird Ölrettich als Zwischenfrucht zur Gründüngung und zur Nematodenbekämpfung auf dem Acker angebaut. Bei dichtem Pflanzenbestand verhindert er mit seinen kräftigen Blättern das Aufkommen von Wildkräutern und bietet einen guten Schutz vor Erosion. Die Aussaat kann sehr früh erfolgen, da er schon ab Bodentemperaturen von 2 bis 3 °C keimt. Kurz vor der Blüte ab Mai mähen wir ihn ab und verwenden die Pflanzenteile zum Mulchen. Als Folgekultur sind Leguminosen wie z. B. Buschbohnen gut geeignet, da der Ölrettich ein Stickstoffzehrer ist.

Wichtig: Als Kreuzblütler dürfen nach ihm erst im Abstand von vier Jahren andere Vertreter dieser Pflanzenfamilie (z. B. Kohl) angebaut werden.

Nach der Ernte der letzten Folgekultur können wir erneut einen nicht winterharten Gründünger einsäen, dessen Pflanzen bei Frost abfrieren und dann als schützende Mulchschicht auf dem Boden verbleiben (zum Thema Gründünger siehe auch Seite 129). Im nächsten Frühjahr harken wir die Mulchreste zusammen mit reichlich gut gereiftem Pflanzenkohle-Kompost (5 kg pro m²) in das Beet ein.

Düngen mit Langzeiteffekt

Pflanzen benötigen viele verschiedene Stoffe in unterschiedlicher Dosierung, um gesund wachsen zu können. Die essenziellen Nährstoffe sind Kohlenstoff (C), Wasserstoff (H), Sauerstoff (O_2), Stickstoff (N) und Phosphor (P). Ist eines dieser Elemente nicht in ausreichender Menge vorhanden, wirkt sich das bereits wachstumshemmend aus, auch wenn alle anderen lebensnotwendigen Nährstoffe reichlich vorhanden sind. Weitere Hauptnährelemente sind Kalium (K), Calcium (Ca), Magnesium (Mg) und Schwefel (S). Daneben gibt es noch Spurenelemente, die in deutlich geringerer Menge Bedeutung haben: Bor (B), Molybdän (Mo), Kupfer(Cu), Zink (Zk) und Eisen (Fe).

Die essentiellen Nährstoffe N-P-K werden im Handel oft als mineralischer Volldünger angeboten. Wer hiermit düngt, sollte sich die Mengenverhältnisse zueinander anschauen, da unterschiedliche Pflanzenarten auch unterschiedliche Bedarfe an den jeweiligen Nährstoffen haben. Im Prinzip ist eine mineralische Düngung für fast alle Pflanzen denkbar, aber im biologischen Gartenbau nicht erwünscht. Stickstoff und Phosphor werden in Form von organisch gebundenen Düngern zugefügt.

Mineralische NPK-Dünger sind für Pflanzen sofort verfügbar und bei Nährstoffmangel kann schnell Abhilfe geschaffen werden. Nachteilig ist, dass Kunstdünger weder die Bodenstruktur bzw. Bodenqualität verbessert noch am Humusaufbau mitwirkt. Im Gegenteil stellen die für das Pflanzenwachstum sehr nützlichen Mykorrhiza-Pilze ihr Wachstum ein, wenn löslicher N- und P-Dünger (auch als Gülle) in den Boden kommt. Bei falscher Anwendung bzw. Überdüngung kann es zu einer Überversorgung an Nährstoffen kommen, was die feinen Wurzelsysteme der Pflanzen sowie das Bodenleben schädigt. Die Bodenfruchtbarkeit geht dann zurück. Mit Einsatz von Pflanzenkohle-Kompost können solche Fehler vermieden werden. Da die Nährstoffe in der Pflanzenkohle und im Humus gebunden sind und die Bodenmikroorganismen während der Wachstumszeit die Pflanzen mit Nährstoffen versorgen, wirkt Pflanzenkohle-Kompost als Dünger mit Langzeiteffekt.

Die wichtigsten Nährstoffe im Überblick

Stickstoff (N) ist hauptsächlich für das Wachstum von Pflanzen und ihrer Regeneration verantwortlich. Bei Stickstoff-Mangel wachsen Pflanzen unbefriedigend und der Ertrag verringert sich. Ein Stickstoff-Überschuss führt zu verzögerter Blütenbildung und Fruchtreife und sehr weichem Pflanzengewebe, was die Standfestigkeit von Pflanzen mindert. Am Ende können vermehrt Krankheiten und Schädlinge auftreten, wobei die Erträge ebenfalls zurückgehen. Kompost sowie Pflanzenjauche (siehe Seite 124) liefern ausreichend Stickstoff.

Phosphor (P) ist zuständig für die Übertragung und Speicherung chemischer Energie, für die Wurzelbildung und unerlässlich für die Fotosynthese. Er unterstützt die Bildung des Samenkorns und ist auch bei der Blütenbildung beteiligt. Ein Phosphor-Mangel bewirkt, dass die Pflanzen klein und die Stängel dünn bleiben. Zudem verfärben sich die Blätter rötlich bis purpurrot, die Wurzeln wachsen kaum und die Blüte verzögert sich. Ein Phosphor-Überschuss wirkt sich schädigend auf Pflanzen aus, indem ihnen weniger Spurenelemente zur Verfügung stehen. Gartenböden enthalten in der Regel reichlich Phosphor und sind nicht selten damit sogar überdüngt!

Kalium (K) sorgt für die Wasseraufnahme und den Wasserhaushalt der Pflanze. Damit verbunden ist ein kräftiges Gewebe und eine hohe Belastbarkeit und Widerstandsfähigkeit. Gleichzeitig fördert Kalium die Resistenz gegen Krankheiten und extreme Witterung wie Kälte usw. Durch Kalium-Mangel wird die Pflanze schlaff und die Wurzelbildung lässt nach, da Kalium das Schließen und Öffnen der Hauptporen beeinflusst. Somit transpiriert die Pflanze in Trockenzeiten mehr und nimmt weniger Wasser auf. Ein Zuviel an Kalium reduziert die Aufnahme wichtiger Elemente wie Magnesium.

Calcium (Ca) ist notwendig, damit überhaupt stabile Ton-Humus-Bindungen entstehen können. Ein hoher Gehalt an Ton-Humus-Komplexen ist für die Humusbildung unerlässlich, wodurch im Boden dann wiederum Staunässe verhindert wird, ebenso Wind- und Wassererosion. Calcium erhöht die Aktivität von Bodenmikroorganismen; basische Calcium-Verbindungen verlangsamen die Bodenversauerung. Calcium ist aber auch für Pflanzen essentiell: Es wird in die Zellwände eingebaut, reguliert den Pflanzenstoffwechsel, macht Pflanzen unempfindlicher gegenüber Krankheiten und Schädlingen. Ein Mangel kann zu vielfältigen Mangelerscheinungen bei Pflanzen führen (z. B. Apfel-Stippe, Blütenendfäule bei Tomaten). Durch Kalkung (Naturkalke: kohlensaurer Kalk, Kalkmergel, Kreide, Kalksteinmehl und Algenkalk – kein Branntkalk!) kann dem Mangel begegnet werden. Hilfreich sind kalkreiche organische Dünger (mitkompostierter Hühnermist bzw. mit Hühnermist aufgeladene Pflanzenkohle). Insbesondere im Spätsommer/Herbst sollten Zwischenfrüchten oder Gründüngern zur Aktivierung des Bodenlebens eine Prise Algenkalk zugefügt werden.

Magnesium (Mg) ist ein natürlicher Bodenbestandteil aus Dolomit oder Basalt. Neben frei verfügbaren Mg-Ionen ist Magnesium auch an Ton und andere Bodensilikate gebunden. Der Magnesium-Gehalt im Boden kann variieren: Tonreiche Böden haben höhere Gehalte, sandige Böden weniger. Die Verfügbarkeit von Magnesium ist vom Boden-pH-Wert abhängig: Der optimale Wert liegt zwischen pH 6 und 8. Magnesium ist besonders wichtig für die Bildung von Chlorophyll und für die Fotosynthese (etwa 30 Prozent des in Pflanzen enthaltenen Mg befinden sich im grünen Blattfarbstoff). Ein Magnesium-Mangel führt zu Ertragseinbußen, diversen Stoffwechselstörungen und Mangelerkrankungen (z. B. Chlorose, Rotfärbung von Stängeln). Ein Magnesium-Überschuss mindert die Aufnahme von Calcium. Einen Ausgleich schaffen ein aktives Bodenleben, Magnesium-Carbont, Dolomitmehl oder Kompost, Komposttee und Gründüngung.

Kupfer (Cu) ist für Pflanzen, Tiere und Menschen gleichermaßen lebenswichtig, kann in zu hohen Konzentrationen jedoch toxisch wirken. Im Boden ist Kupfer meist an organische Substanzen (Humus), Eisen- und Manganoxide gebunden. Kupfer-Mangel führt zu gestörter Fotosynthese. Pflanzen benötigen Kupfer zur Bildung des Chlorophylls, für zahlreiche Stoffwechselvorgänge und zur Bindung von Sauerstoffradikalen. Bei sehr sauren Böden kann ein Kupfer-Überschuss entstehen. Da Kupfer mit Nährstoffen wie Eisen, Zink und Molybdän »konkurriert«, kann ein erhöhter Kupfergehalt im Boden zu einer Unterversorgung mit diesen anderen wichtigen Pflanzennährstoffen führen.

Silicium (Si) bzw. Kieselsäure wird von Pflanzen zur Stabilisierung des Gewebes und zur Krankheitsabwehr benötigt. Silicium lagert sich zum Beispiel genau an Stellen an, wo Pilze leicht ins Gewebe dringen können: im äußeren Bereich von Blättern und Stängeln. Höhere Kieselsäuregehalte erschweren Pilzen das Eindringen in die Zellen, insbesondere das Wachstum von Mehltau ist stark gehemmt. Silicium wird von Pflanzen nur in Form von Kieselsäure aufgenommen, wobei höhere Konzentrationen nicht schädlich sind, sondern für positive Wachstumseffekte sogar benötigt werden. Empfehlung zur Pflanzenstärkung: ein Tee aus Ackerschachtelhalm mit bis zu 10 Prozent Kieselsäure und Kalium.

Pflanzenjauche

- 1 kg frisches Kraut (Brennnessel, Beinwell)
- 10 l Regenwasser
- 1 Handvoll Gesteinsmehl

Rezept für Pflanzenjauche

1 Kilogramm frisches Kraut in ein grobes Netz geben und in einem Eimer mit 10 Liter Regenwasser bei aufliegendem Deckel stehen lassen. Etwa zwei Wochen später ist die Jauche fertig. Zum Gießen 1:10 mit Wasser verdünnen. Gegen den Geruch während des Gärens eine Handvoll Gesteinsmehl hinzufügen und einrühren. Geeignete Pflanzen sind Brennnesseln für eine stickstoffbetonte Düngung, Beinwell (Comfrey) für eine kaliumbetonte Düngung. Auch eine Mischung aus beiden ist möglich. Brennnesseln sind reich an Stickstoff, Eisen, Kalium und Magnesium, Beinwell enthält zusätzlich auch Calcium, Eisen und Phosphor.

Ackerschachtelhalm-Tee

- 1,5 kg frische oder 200 g getrocknete Pflanzen
- 10 l Regenwasser
- 1 Handvoll Gesteinsmehl
- optional: 1 – 2 % Wasserglas (flüssiges Natriumsilikat)

Rezept für Tee aus Ackerschachtelhalm

1,5 Kilogramm frische oder 200 Gramm getrocknete Pflanzen in 10 Liter Wasser 24 Stunden einweichen, 1 Stunde in einem alten Topf kochen; eventuell 1 – 2 % Wasserglas (flüssiges Natriumsilikat) hinzufügen. Der Tee wird 1:5 bis 1:10 verdünnt zur Pflanzenstärkung und Vorbeugung gegen Bodenpilzkrankheiten auf die Erde gegossen. Er kann auch als Vorknospenspritzung gegen Mehltau, Rost, Blattfleckenkrankheiten, Schorf und Monilia verwendet werden sowie im Sommer als Spritzung gegen Kraut- und Knollenfäule, im Frühjahr gegen Kräuselkrankheit bei Pfirsichen. Er wirkt auch gegen Spinnmilben und Lauchmotten. Für alle Anwendungen gilt, dass sie mehrmals durchgeführt werden müssen.

Milpa-Mischkultur mit Schwarzerde-Substrat

Bei der Suche nach den Ursprüngen der Terra Preta haben wir gesehen, wie das Zusammenwirken von Bodenleben und der Art und Weise der indigenen Anbaukulturen zur Ausbildung der Terra-Preta-Schwarzerde beigetragen hat (siehe Seite 16). Die sich gegenseitig stützende Mischkultur der indigenen Ureinwohner hat die Böden nicht ausgelaugt, sondern gepflegt, verbessert und bewahrt. Könnte dies nicht auch Vorbild für uns sein? Zum Beispiel mit einer Milpa in unserem Garten?

Der Name »Milpa« (vom Nahuatl-Wort *mil-pa* = zum Feld) bedeutet etwa »Pflanzung auf der Parzelle« und wird sowohl für das Feld als auch für die Anbautechnik verwendet. Dieses gartenbauliche System, das seit den frühen indigenen Kulturen bis heute betrieben wird, ist eine ideale und vielseitige Form des Anbaus in Mischkultur. Hauptpflanzen sind die »Drei Schwestern« Mais, Bohne und Kürbis (auch die Zucchini zählt dazu), die gemeinsam angebaut werden und eine Symbiose bilden: Die Mykorrhiza fördernden Maispflanzen dienen den Bohnen als Rankhilfe und versorgen ihre Nachbarn mit Phosphor und weiteren Nährstoffen. Die Bohnen fixieren den Luftstickstoff und versorgen damit den Mais. Die großen Kürbisblätter decken den Boden ab, halten die Feuchtigkeit, regulieren den Beikrautwuchs und verhindern Erosion durch starke Regenfälle und Austrocknung. Die unterschiedlich tief wachsenden Wurzeln der zusammen kultivierten Pflanzen können die vorhandenen Nährstoffe optimal nutzen. Nach der Ernte verbleiben Wurzeln und andere Ernterückstände im und auf dem Boden, werden abgebaut und am Ende zu Humus. Auch auf dem Teller sind die Drei Schwestern Partner, die sich ernährungsphysiologisch ideal ergänzen!

Beispiel für ein Milpa-Pflanzschema

Wir errichten mit jeweils 1 m Abstand voneinander Hügel von etwa 30 cm Höhe und einem Durchmesser von 60 cm, die wir mit reifem Pflanzenkohle-Kompost anreichern. Auf jeden Hügel setzen wir in der zweiten Maihälfte zwei bis drei vorgezogene Maispflanzen und säen um jede Pflanze vier Bohnen. Jeweils an die Hügelränder setzen wir eine vorgezogene Kürbispflanze. Die Pflanzung lässt sich mit Tomaten, Freiland-Chilis, Amarant, Kräutern und Pflanzen mit essbaren Blüten wie Ringelblumen, Tagetes, Kapuzinerkresse, Cosmea u. a. erweitern. Die Kombination von hoch und niedrig wachsenden Pflanzen ermöglicht reizvolle gestalterische Blickpunkte im Garten. Eine Milpa kann in verschiedensten Formen realisiert werden, auch in einer Reihenpflanzung und sogar in einem niedrigen Hochbeet.

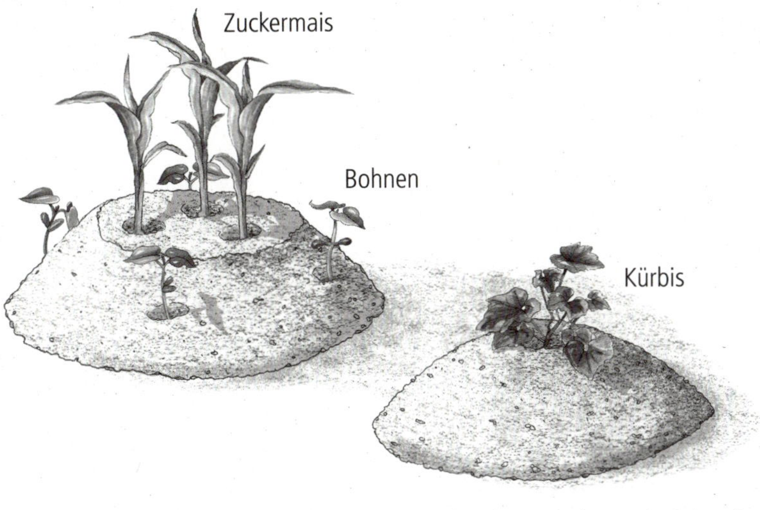

Eine Milpa kann auf ganz unterschiedliche Weise angelegt werden. Beispielsweise können Mais und Bohnen in Hügeln angebaut werden, in den Zwischenraum oder auf einem Extrahügel werden die Kürbispflanzen gesetzt. In den Hügeln erwärmt sich die Erde im Frühjahr schneller, das bringt ihnen einen kleinen Startvorteil. Wird in der Mitte des Hügels noch eine kleine Mulde geformt, bleibt Gießwasser und Regen darin länger stehen.

Aus der indigenen Maisvielfalt stammen Maissorten, die bei uns ebenfalls wachsen, daneben gibt es aber auch europäische Sorten von Süßmais, Poppmais und Mehlmais – alle sind für den menschlichen Verzehr gut geeignet. Diese alten Sorten ebenso wie für die Milpa besonders günstige Maisbohnen haben hier wie dort eine lange Tradition und sind über Biosaatgutproduzenten, Vereine oder private Saatguterhalter zu beziehen (Adressen siehe Seite 154).

In einem neu angelegten Beet mit Pflanzenkohle-Substrat können die Drei Schwestern und ihre Begleitpflanzen mehrere Jahre hintereinander angebaut werden, im Gegensatz zu Gemüsearten (wie zum Beispiel Kohl), die jedes Jahr den Standort wechseln sollten, um negative Auswirkungen, wie geringeren Ertrag, schlechtere Qualität, Krankheits- und Schädlingsbefall oder Bodenmüdigkeit, zu vermeiden. Das reichhaltige Substrat bietet für diese ausgleichende Mischkulturform mit stark- und mittelzehrenden Pflanzen ausreichend »Power«. Im Frühjahr des ersten Folgejahres räumen wir zuerst noch vorhandene Pflanzenrückstände ab und verwenden diese für eine Kompostmiete oder später als Mulchmaterial. Den Boden beleben wir mit einer Flüssigdüngung aus Brennnessel- und Beinwelljauche, sodass sich die in der Erde enthaltenen Kohlepartikel mit Nährstoffen aufladen können. Während der Vegetationszeit wird diese Düngung bei Bedarf wiederholt. Im zweiten Jahr geben wir dann vor dem Auspflanzen etwas reifen Pflanzenkohle-Kompost in die Pflanzlöcher für den vorgezogenen Mais und die Saatrillen der Bohnen und verteilen davon auch etwas auf dem übrigen Beet (etwa 3 – 5 kg pro m^2). In der Vegetationszeit kann bei Bedarf mit Flüssigdünger nachgedüngt werden. (Weiterführende Literatur dazu siehe Literaturtipps auf den Seiten 151 und 152.)

Gründüngung für den Humusaufbau

Am Beispiel Milpa haben wir gesehen, wie Pflanzengemeinschaften durch unterschiedliche Wurzellängen das Nährstoffangebot geschickt ausnutzen. Dieselbe Strategie finden wir bei Gründüngern wie Blauer Lein (Flachs), Kornrade, Borretsch, Dill, Buchweizen, Büschelschön, Ringelblume, Sonnenblume, Studentenblume (Tagetes) und Hülsenfrüchten wie Dicke Bohne, Inkarnatklee, Perserklee, Lupine und Sommerwicke sowie Kreuzblütlern wie Kresse, Gelbsenf oder Weißer Senf. Die Wurzelausscheidungen einzelner Sorten unterstützen das gesunde Wachstum von Kulturpflanzen. Mischungen nutzen den Bodenraum optimal aus, weil sich Tief-, Flach- und Breitwurzler ergänzen. Mit ihrer Wurzelmasse lockern sie den Boden und verhindern Verdichtung. Bei der Zusammenstellung von Mischungen müssen wir allerdings auf die richtigen Partnerschaften achten (siehe Seite 102).

Mit den Drei Schwestern Mais, Bohnen und Kürbis lassen sich wohlschmeckende Gerichte zubereiten. Essbare Blüten ergänzen sie mit leuchtenden Farben und köstlichen Aromen.

Buchweizen wächst rasch und lockert den Boden. Im Winter frieren die einjährigen Pflanzen ab. Die weißen Blüten sind von Juni bis September eine wertvolle Bienenweide.

Inkarnatklee sammelt Stickstoff und beschattet den Boden. Von Mai bis August bieten die roten Blüten Wild- und Honigbienen Pollen und Nektar.

Gründünger können als Zwischenkultur, als Herbstsaat nach der Ernte oder im zeitigen Frühjahr zur Vorbereitung der Beete für Sommerkulturen gesät werden. Teilweise eignen sie sich auch zur Untersaat oder in Mischkultur mit Nutzpflanzen in sogenannten »Düngereihen«. Dies ist die Bezeichnung für die schmalen Wege zwischen den ausgesäten oder ausgepflanzten Kulturpflanzen, wenn sie gleichzeitig Grünmasse für die Gründüngung produzieren. Dafür empfehlen sich Spinat, Dill oder Kresse und im Herbst Feldsalat. Diese schnell wachsenden Pflanzen werden frühzeitig geerntet oder abgeschnitten und als Mulch zwischen die Reihen der größer gewordenen Gemüsepflanzen gelegt.

Wenn der Zeitpunkt für den Anbau einer Haupt- oder Nachkultur gekommen ist, sind Gründüngerpflanzen entweder zuvor abgefroren und haben so im Winter den Boden mit einer schützenden Hülle überzogen oder sie werden abgemäht und bleiben als Mulch liegen. Dort schützen sie den Boden vor dem Austrocknen, dienen dem Bodenleben als Nahrung und reichern am Ende die organische Substanz wieder an.

Für den Garten sind besonders gut Gründünger geeignet, die bei Frost abfrieren und den Boden im Winter bedecken, so bekommen im zeitigen Frühjahr aktive Bodenlebewesen bereits Nahrung für einen guten Start in die Vegetationsperiode. Zwei bis drei Wochen bevor wir die Beete für das Frühjahr bestellen, können wir die Gründüngerreste oberflächlich in den Gartenboden einarbeiten. Dies fördert auf hervorragende Weise die Gare unseres Gartenbodens.

Gründüngung ist neben Mischkultur und Mulchen ein wichtiger Baustein für effektiven Humusaufbau, Humuspflege und Humuserhalt. Alle drei ergänzen sich hervorragend nicht nur zur Bodenbedeckung, sondern auch beim Durchbrechen tieferer Bodenschichten und Transport von Stickstoff in den Boden. (Weitere Informationen siehe Literaturtipps auf Seite 151, Bezugsquellen für Gründüngersaatgut siehe Seite 154.)

Mulchen schützt und nährt den Boden

Der Boden und das ihn stabilisierende Bodenleben benötigen immer auch eine schützende Schicht. Wird diese von Pflanzen nicht geliefert – beispielsweise in einem abgeernteten Beet im Winter oder in freien Lücken zwischen Kulturpflanzen –, müssen wir eine Mulchschicht auftragen. Wir können zum Beispiel Gartenabfälle nach der Ernte liegenlassen, zusätzlich angetrockneten Rasenschnitt hinzufügen und erhalten einen geschlossen Nährstoffkreislauf wie in der Natur: Wir entnehmen dem Boden nicht nur Nährstoffe für den Pflanzenanbau, sondern führen sie auch wieder zurück. Die Mulchschicht schützt den Boden auch vor Austrocknung durch zu starke Sonneneinstrahlung und erspart uns häufigeres Gießen.

Eine dünne Schicht aus angetrocknetem Grasschnitt bedeckt den Boden im Gemüsebeet. Im Sommer müssen wir so weniger gießen.

In den Monaten September und Oktober sollten wir alle abgeernteten Beetbereiche für den bevorstehenden Winter mit Gründüngung oder Mulch vorbereiten. Hiermit erreichen wir, dass die Bodenlebewesen vor Kälte und Frost geschützt werden. Ein bedeckter Boden verhindert gerade bei regenreichen Wintern auch Erosion. Im Frühjahr erleichtert uns ein bedeckter Boden die Neubepflanzung, da wir das Mulchmaterial und die abgestorbenen Pflanzenteile der Gründüngung nur abräumen oder in die Beete einarbeiten müssen.

Beete können mit folgenden Materialien gemulcht werden:

- **Laub:** leicht zersetzbare Blätter von z. B. Obstgehölzen, Hainbuche, Blühsträuchern. Es sollte kein schwer kompostierbares Laub verwendet werden wie z. B. von Eiche, Platane oder Walnuss, da dieses Gerbsäuren enthält, die das Pflanzenwachstum hemmen und den Boden ansäuern. Schichtdicke: 5 bis 7 cm.
- **Trester:** Apfeltrester, der bei der Herstellung von Apfelsaft als Abfallprodukt entsteht, kann als Mulchmaterial ausgebracht werden. Schichtdicke: 3 bis 5 cm
- **Gras- und Wiesenschnitt:** Heu oder Grasschnitt kann ebenfalls verwendet werden, wobei eine durchmischte Wiesenmahd besser für den Boden geeignet ist als klassischer Rasenschnitt von einem Sport- und Spielrasen, da dieser zu Fäulnis und schlechter Durchlüftung neigt. Wird dennoch Rasenschnitt verwendet, dann nicht zu nass und zu dick aufbringen. Schichtdicke Zierrasen: 2 bis 4 cm; Schichtdicke Wiesenmahd oder Heu: 3 bis 5 cm.

Holzhäcksel oder Rindenmulch sollten wir nicht auf die Beete geben, da für die Zersetzung von Lignin (verholzte Pflanzenteile) Stickstoff verbraucht wird. Außerdem können aus dem Holz Gerbsäuren entweichen und das Wachstum von Gemüsepflanzen hemmen. Holzhäcksel kann stattdessen zwischen Sträucher gestreut werden, um sich dort langsam zu zersetzen und einen waldähnlichen Boden aufzubauen.

Ideal für Selbstversorger, die Apfelsaft pressen (lassen): Mulchen mit Apfeltrester.

Die verschiedenen Mulchmethoden können wir mit einer Gabe von Pflanzenkohle-Kompost von 3 bis 5 l pro m^2 kombinieren. Zunächst bringen wir den Kompost aus und schützen ihn anschließend mit einer Mulchschicht. Diese Kombination ist ein hervorragender Bodenaktivator. Falls der pH-Wert des Bodens unter 6 liegt, sollten wir noch eine dünne Schicht kohlensauren Kalk oder Algenkalk in den Kompost mit einarbeiten.

Die Kombination macht's!

Durch regelmäßige Zufuhr von organischem Material in Form von Pflanzenkohle-Kompost, Gründüngung oder Mulch sowie den Anbau in Mischkultur lässt sich ein standortspezifisch optimaler Humusgehalt aufbauen, pflegen und langfristig erhalten.

Gärtnern nach dem Terra-Preta-Prinzip

Potenziale für die Zukunft

In diesem Buch haben wir uns schrittweise dem Phänomen Terra Preta genähert und dabei die Hintergründe für die Entstehung und die vielfältigen Anwendungsmöglichkeiten dieser Schwarzerde entdeckt: mit einem »Ausflug« zu Menschen in Amazonien, die früher (und sogar heute noch) mit ihrer Wirtschaftsweise die Voraussetzung für Terra Preta geschaffen haben. Mit den Grundlagen zur aeroben Kompostierung und der alternativ vorgeschobenen Fermentierung sowie einigen von Experten praktizierten Varianten dieser Techniken. Mit dem Ausbringen von Pflanzenkohle-Kompost zur Bodenverbesserung, zur Vorbereitung der Beete für den Kulturpflanzenanbau, zur Pflanzendüngung und zum Mischen eigener Substrate für die Topf- und Kübelkultur. Und nicht zuletzt mit einem Einblick in das »System Humus«, das uns vor Augen führt, inwieweit unser Kompost mit seinen sich fortlaufend verändernden Prozessen ebenso ein eigenes Ökosystem ist wie der Waldboden mit seiner natürlichen Flächenrotte. Den Ablauf bestimmt die Natur mit der Unterstützung von Kleinstlebewesen. Unsere Aufgabe ist eher die des aufmerksamen Moderators, der durch den Zusatz von Zuschlägen die Prozesse beschleunigt und den Nährstoffgehalt bzw. die Qualität des Endproduktes Pflanzenkohle-Komposterde optimiert. Mit den vorgestellten Pflegemaßnahmen schließt sich der Kreis wieder: Jetzt ist es an uns, nach dem Vorbild der indigenen Pioniere den »Schatz« in unserem Garten zu erhalten und zu vermehren. Bevor wir dieses Kapitel schließen, wollen wir noch einen Blick über unseren Garten hinaus und in die Zukunft werfen.

◀ Das Konzept einer (fast) vollständigen Kreislaufwirtschaft wurde im Botanischen Garten Berlin im Rahmen des TerraBogaProjekts modellhaft umgesetzt.

Das Terra-Preta-Prinzip hat an vielen Orten Verbreitung gefunden und besitzt eine Menge Potenzial, um Lösungsansätze für aktuelle und künftige Herausforderungen zu entwickeln:

- Ressourcenschonung durch die Schließung lokaler Kreisläufe
- Terra-Preta-Sanitation und Grundwasserschutz
- Bodenverbesserung und Ernährungssicherheit
- Klimaschutz durch Torfersatz und Humusaufbau
- Entwicklung und Förderung kleinbäuerlicher Landwirtschaft

Das Beispiel Kleingarten hat gezeigt, wie wir mit Kompostierung verschiedenster Abfälle einen ganz persönlichen Terra-Preta-Stoffkreislauf aufbauen können. Das TerraBoGa-Projekt im Botanischen Garten Berlin beweist, dass dies auch im großen Maßstab wirtschaftlich möglich ist. Im Landkreis Hameln plant das Projekt »Terra Preta Weserbergland« den Bau eines Biomassezentrums, um den regionalen Gehölzschnitt, der mit hohen Kosten an Kompostunternehmer entsorgt wird, künftig in Regie einer Genossenschaft zu verwerten. Nach einer Pilotphase mit gekaufter Pflanzenkohle wird eine Pyrolyseanlage angeschafft, um die holzhaltigen Reste zu pyrolysieren und mit den übrigen organischen Abfällen zu kompostieren. Vielversprechend ist auch die Entwicklung neuer Pyrolyseanlagen in unterschiedlichen Größen, die neben Pflanzenkohle auch Wärme und Strom produzieren. Damit können Gärtnereien Gewächshäuser beheizen, pflanzliche Abfälle pyrolisieren und die Pyrolysekohle für den Eigenbedarf verwenden oder am Markt verkaufen, was ihnen hilft, Kosten zu sparen und ein Zusatzeinkommen zu generieren.

Pflanzenkohle bzw. Pflanzenkohle-Substrate haben sich bereits als Torfersatzstoffe bewährt. Wer künftig im Garten oder im gewerblichen Pflanzenanbau auf Torf verzichtet, leistet nicht nur einen Beitrag zum Schutz von Hochmooren als bedrohte Ökosysteme, sondern auch zum Klimaschutz, denn Moore sind zugleich bedeutende Kohlenstoffspeicher.

Land- und Forstwirtschaft wiederum sind Industriezweige, die durch Humusaufbau nach dem Terra-Preta-Prinzip der Atmosphäre CO_2 in

Intensive Mischkultur im Gewächshaus und im Freiland der Ferme du Bec Helloin in der Normandie: ein inspirierendes Vorbild für eine zukunftsfähige Art der Landwirtschaft.

Negativ-Bilanz entziehen können: zum einen, weil die Produktion von pflanzlicher Biomasse bisher die einzig praktikable Methode ist, um der Atmosphäre Kohlendioxid zu entziehen. Zum anderen, weil aus Biomasse pyrolysierte und in den Boden eingebrachte Pflanzenkohle von Mikroorganismen gar nicht oder nur sehr langsam abgebaut wird und somit ein Anteil von über 80 Prozent ihres Kohlenstoffes für sehr viele Jahre stabil bleibt.

Humusaufbau ist auch weiterhin ein Ziel im Permakulturpark am »Lebensgarten Steyerberg«, Landkreis Nienburg. Seit den ersten Terra-Preta-Experimenten (siehe Seite 66) ist das Terra-Preta-Prinzip zum festen Bestandteil der gartenbaulichen Bewirtschaftung geworden und

Mischkultur und konsequenter Humusaufbau mit Pflanzenkohle-Kompost ermöglichen im Permakulturpark Steyerberg auf schwierigen Böden Gemüseanbau in guter Bio-Qualität.

wird in Seminaren auch gelehrt. Bei einem viertägigen Kongress zu »Terra Preta und gesundem Bodenleben« stellten namhafte Akteure der »Terra-Preta-Szene« ihre aktuellen Projekte vor und gaben ihr Wissen in mehreren Workshops weiter. Mittlerweile ist das acht Hektar große Gelände mit Wald, Wildkäutergarten, Obst- und Gemüseanbau, Gemeinschaftsgärten und Kleinbiotopen sehr produktiv. Auf den nach den Prinzipien der Permakultur und des ökologischen Landbaus bewirtschafteten Flächen hat sich ein humoser Sandboden entwickelt mit stetig ansteigender Bodenfruchtbarkeit. Der Biobauer Jean-Philippe Genetier baut hier mit Unterstützung von Praktikanten und Bundesfreiwilligen Gemüse in Bioland-Qualität für eine solidarische Landwirtschaft

(SoLaWi) an. Ein Teil wird auch in Gemüsekisten im regionalen Umkreis verkauft, in der Seminarküche verarbeitet und im Gemeinschaftsladen angeboten. Die Bodenbearbeitung geschieht nahezu ohne Maschinen und statt Pestiziden wird auf die Ansiedlung und Haltung natürlicher Fressfeinde gesetzt. Die Anbaumethoden vereinen traditionelle Mischkultur mit Agroforstwirtschaft, einer Kombination aus Obst- und Acker- bzw. Gemüsebau. Dank unbeheizter Folientunnel ist auch ein ganzjähriger Anbau über den Winter hinweg möglich. Vorbild war und ist der Bio-Gemüseanbau der 2004 in der Normandie gegründeten *Ferme du Bec Helloin,* die über den Dokumentarfilm »Tomorrow – Die Welt ist voller Lösungen« weltweit einem breiten Publikum bekannt geworden ist. Den Betreibern des Hofs, Perrine und Charles Hervé-Gruyer, ist es auf einer Fläche von nur 1000 Quadratmetern gelungen, einen Gewinn in Höhe von 54 000 Euro mit wöchentlich 43 Arbeitsstunden in reiner Handarbeit zu erwirtschaften. Möglich wurde dies mit konsequentem Humusaufbau auf einem sandigen und steinigen Boden durch den Einsatz von Pflanzenkohle-Kompost, Effektiven Mikroorganismen und Dauermulch. Es wird eine intensive Mischkultur auf kleinster Fläche im Freiland und in Gewächshäusern mit bis zu acht Fruchtfolgen im Jahr betrieben. Informationen und Videos zu dem mit Forschungseinrichtungen entwickelten System »bio-microagriculture« gibt es auf Englisch und Französisch auf der Website www.fermedubec.com.

Humus- oder Komposttoiletten mit oder ohne Trennung von Urin und Feststoffen finden nicht nur Verwendung in Kleingärten. Sie sind schon seit einigen Jahren an öffentlichen Orten und auf Veranstaltungen anzutreffen, wo sie erfolgreich mit den sonst üblichen Chemietoiletten konkurrieren. Vor allem junge Leute lassen sich für wasserlose Sanitärkonzepte begeistern. Aber auch Menschen, die noch das übelriechende »Plumpsklo« aus ihrer Kindheit auf dem Lande kennen, sind von den heutigen Modellen angenehm überrascht. »Das riecht ja richtig nach Wald!«, rief beispielsweise ein älterer Herr beim Verlassen einer Trockentrenntoilette, die beim Boulefestival in Hannover im Einsatz war.

Gemütlich, ökologisch, ohne unangenehme Gerüche: Komposttoiletten von Goldeimer und anderen innovativen Unternehmen setzen bei Großveranstaltungen wie Musikfestivals neue Maßstäbe in Sachen mobile Toiletten.

Zu den ersten, die angefangen haben, hochwertige Kompost- und Trockentoiletten für den privaten Gebrauch, als temporär zu mietende und als festinstallierte Toiletten im öffentlichen Raum anzubieten, gehören die Schwestern Elisabeth und Severine Felt, die unter dem Namen »nowato« zugleich Maßstäbe in punkto Design setzten. Viele weitere Anbieter sind seither ihrem Beispiel gefolgt. Einen bemerkenswerten Ansatz verfolgt die Goldeimer gGmbH in Hamburg, die speziell auf Festivals tätig wird. Ihre Gewinne fließen in die Arbeit von Viva con Agua und Welthungerhilfe, um allen Menschen weltweit den Zugang zu Trinkwasser und sanitären Anlagen zu ermöglichen. Auch das Berliner Unternehmen EcoToiletten, das nach einem Sanitärprojekt in einem Dorf in Südasien mit dem Verein Non-Water Sanitation startete, ist vorzugsweise auf größeren Veranstaltungen im Einsatz. Im Botanischen Garten Berlin wurde mit dem TerraBoGa-Projekt zur effektiven Verwertung von Rest- und Abfallstoffen ebenfalls eine Terra-Preta-Trockentoilette aufgestellt, deren Inhalt bei der Pflanzenkohle-Kompostierung mitverwendet wird.

Aber auch die ganz Kleinen können beim Terra-Preta-Stoffkreislauf mitmachen: 4500 Windeln verbraucht ein Baby, bevor es gelernt hat, selbst auf die Toilette zu gehen. Allein in Deutschland fallen so jedes Jahr 500 000 Tonnen Windeln an, die in Müllverbrennungsanlagen landen. Die in Berlin lebende Künstlerin und Unternehmerin Ayumi Matsuzaka hat mit DYCLE diaper cycle – Windelkreislauf einen Windelservice gegründet, der Windeleinlagen aus 100 Prozent Bio-Materialien ohne Plastikanteile im Abonnement abgibt. Einmal im Monat werden die Behälter mit den gebrauchten vorkompostierten Einlagen abgeholt und in einer Wurmkompostanlage nach der Terra-Preta-Methode in fruchtbare Humuserde umgewandelt. Diese eignet sich hervorragend, um Obstbäume zu pflanzen. Die Babys wachsen und die Obstbäume auch und nach einigen Jahren können die Eltern zusammen mit ihren Kindern die Früchte ernten. Ein Kind kann dazu beitragen, pro Monat mehr als 30 Liter wertvolle Humuserde zu erzeugen! Das Start-up wurde schon mehrfach ausgezeichnet und für den Wettbewerb »Deutschland – Land der Ideen« ausgewählt.

Nachhaltige Sanitärsysteme (NASS), die aktiv zum Gewässerschutz und Klimaschutz beitragen, sind unter dem Namen »Terra Preta Sanitation« auch ein Forschungsgebiet an der Technischen Universität Hamburg-Harburg (TUUH) – Institut für Abwasserwirtschaft und Gewässerschutz. Auf deren Website gibt es Videos zu vielen einzelnen Fragestellungen in diesem Kontext. Daneben ist auch das jüngst gestartete Projekt RUVIVAL zu nennen, ein internetbasiertes Lernangebot der TUUH in Kooperation mit der Hamburg Open Online University (HOOU), das mit Videos, Präsentationen und Podcasts neben Terra Preta und Terra Preta Sanitation auch viele andere Themen rund um

Inwertsetzung von Böden, Nutzung von Synergien und ländliche Entwicklung behandelt (vorwiegend in englischer Sprache).

Hoffnungsfroh stimmt, dass der UN-Klimarat in der Anwendung von Pflanzenkohle ein hohes, aber noch zu entwickelndes Potenzial für die Verminderung der Klimakrise sieht, vor allem für Tropenböden, weil sie Nährstoffe bindet. Die UN-Konvention gegen Wüstenbildung empfiehlt sie für die Wiederherstellung degradierter Böden. Die Klimarelevanz von Böden steht auch im Mittelpunkt der in Frankreich anlässlich der Pariser Weltklimakonferenz gestarteten Initiative »4 per 1000«. Konkretes Ziel ist die jährliche Erhöhung von Humus in Agrarböden um 0,4 Promille, um damit den Klimawandel aufzuhalten. Die Bundesrepublik Deutschland gehört zu den Unterzeichnern dieser Initiative.

Und was wird mit Menschen wie Antonio (siehe Seite 11), die nicht das Glück haben, auf »schwarzem Gold« zu leben? Sie denken sofort an Mineraldünger, wenn es um die Ertragsfähigkeit ihrer Böden geht. Und sie haben Vertrauen zu Experten eines Landwirtschaftssystems, das darauf abzielt, mit abgestimmten Produkten und Techniken in kurzer Zeit so viel wie möglich aus dem Boden »herauszuholen«. Und Dona Francisca (siehe Seite 11)? Wird sie womöglich eines Tages den »besten Ort Amazoniens« verlassen müssen, weil ein internationaler Konzern den Wert ihres Bodens erkannt und nun im großen Stil Mais oder Soja anbauen will? Hier zeigt sich am Ende auch noch eine globale soziopolitische Dimension des Themas: Menschen wie Antonio und Dona Francisca haben eine Zukunft, wenn es gelänge, weltweit das Terra-Preta-Prinzip im Rahmen kleinbäuerlicher Strukturentwicklung bekannter zu machen, politisch zuzulassen, zu fördern und weiterzuentwickeln. »Leider wird gerade in Brasilien Terra Preta nicht wertgeschätzt, weil es ein indigenes Erbe ist und Indigene dort immer noch sehr verachtet werden«, sagt Ute Scheub, Mitautorin des ersten Buchs über Terra Preta, das in Deutschland erschienen ist. Sie wollte es übersetzen und in Brasilien herausgeben lassen, musste ihr Vorhaben mangels Interesse und Unterstützung jedoch aufgeben.

Es sind Nichtregierungsorganisationen (NGOs) und private Initiativen, die aktiv werden, wo staatliches Handeln ausbleibt. In ihrem Buch »Die Humusrevolution« stellt Ute Scheub solche Initiativen vor, beispielsweise des Terra-Preta-Pioniers Hans-Peter Schmidt, der neben dem Schweizer Ithaka-Institut weitere Institute in den USA und Nepal eröffnet hat. Nachdem 2015 in Nepal die Erde bebte, gründete er einen Fonds, mit dessen Hilfe die Herstellung von Pflanzenkohle und Pflanzenkohle-Substrat sowie der Aufbau von Waldgärten in mehreren nepalesischen Dörfern möglich wurden. Die Erträge vervielfachten sich schlagartig und zusätzlich zur langfristigen Ernährungssicherheit werden Wiederaufforstung, die Restaurierung alter Anbauterrassen und der Bau von Wasserrückhaltesystemen vorangetrieben. Im Ithaka-Journal (siehe Literaturtipp auf Seite 152) wird über dieses und andere Projekte rund um Terra Preta und die vielfältigen Anwendungen von Pflanzenkohle berichtet. Getreu dem Motto »Wissen ist ein Schatz, der sich vermehrt, wenn man ihn teilt« bietet es Anwendern und Interessierten eine mehrsprachige Plattform für den Austausch von Erfahrungen und Wissen auf dem neuesten Stand. Medien wie diese, NGOs, die Initiativen unzähliger Gruppen auf »Graswurzelebene« – und vielleicht auch Sie? – sind derzeit noch die Treiber und Multiplikatoren des Terra-Preta-Prinzips.

Pflanzenkohle-Kompost aktiviert das Bodenleben und verbessert dauerhaft die Humusqualität.

Die Autorin

Andrea Preißler-Abou El Fadil befasst sich seit 2009 in Theorie und Praxis mit dem Thema Terra Preta, das sie sowohl als Historikerin als auch passionierte Gärtnerin fasziniert. Beim BUND Region Hannover engagiert sie sich für das Kooperationsprojekt »Universum Kleingarten« zur ökologischen und sozialen Stärkung der Kleingärten in Hannover. Im Palettengarten Linden-Nord (PaGaLiNo) in Hannover betrieb sie von 2011 bis 2019 einen eigenen Experimentiergarten zum Urban Gardening und Humusaufbau mit dem Pflanzenkohle-Kompost. Mit ihrer *Biowerkstatt Bildung und Projekte* arbeitet sie über Nachhaltigkeitsthemen mit Bildungsträgern und Nichtregierungsorganisationen zusammen.

Anhang

Danksagung

Ich danke allen im Text namentlich aufgeführten Personen, die mir freundlicherweise ihre Erfahrungen mit dem Terra-Preta-Prinzip mitgeteilt haben. Mein besonderer Dank gilt Sibylle Maurer-Wohlatz und Jan Heeren für ihren wertvollen fachlichen Rat bei der Erstellung des Buches.

Tabelle C/N-Verhältnis

Organisches Material	C/N-Verhältnis
Sägemehl	250:1 – 500:1
Papier	200:1
Maishalme	60:1
alter Grasmulch	55:1
Getreidestroh	50:1 – 150:1
Getreidespelzen	50:1 – 80:1
Getreidekleie	30:1 – 50:1
Baumlaub	30:1 – 50:1
altes Heu	30:1
Kartoffelkraut	25:1
stroharmer Frischmist	20:1 – 25:1
Küchenabfälle	20:1 – 25:1
Hülsenfruchtstroh	15:1
Mischkompost	10:1 – 20:1
Stallmist	10:1 – 15:1
Rasenschnitt	10:1 – 15:1
Grünmasse	5:1 – 15:1
Hühnermist	8:1
Mistsickersaft	2:1 – 3:1
Hornspäne	1:1
Harn	0,8:1

Quelle: EM-Journal 16

Zum Weitersehen

Peter Adler: **Terra Preta – Das schwarze Gold des Amazonas,** Filmproduktion reportage + dokumentation Peter Adler

Cyril Dion und Mélanie Laurent: **Tomorrow – Die Welt ist voller Lösungen,** Dokumentarfilm, Pandora Film Medien GmbH

Kollektiv für angepasste Technik Berlin (KanTe): **Webinarreihe mit Videomitschnitten zu »Kompost- und Trockentrenntoiletten«** mit Lisa Häfner, Ariane Krause und Felix Lettow, www.anstiftung.de/downloads/category/20-webinare

Zum Weiterlesen

Wolfgang Berger: **Komposttoiletten für Garten und Freizeit,** ökobuch Verlag

BUND Region Hannover: **Gründüngung im Kleingarten – immer bedeckter Boden für mehr Bodenfruchtbarkeit und Humusaufbau,** Broschüre, auch als Download unter: https://bund-region-hannover.de/bund-aktiv/publikationen/

BUND Region Hannover: **Terra-Preta-Kultur für Hochbeete – Humusaufbau und Stärkung der Selbstversorgung,** Broschüre, auch als Download unter: https://bund-region-hannover.de/bund-aktiv/publikationen/

BUND Region Hannover: **Milpa – Mischkultur auf Terra Preta im eigenen Garten,** Broschüre, auch als Download unter: https://bund-region-hannover.de/bund-aktiv/milpa-mischkultur/

BUND Region Hannover: **Pflanzenstärkung mit Kräutern und natürliche Schädlingsabwehr im Nutzgarten,** Broschüre, auch als Download unter: https://bund-region-hannover.de/bund-aktiv/publikationen/

EBC (2012) European Biochar Certificate: **Richtlinien für die nachhaltige Produktion von Pflanzenkohle,** European Biochar Foundation (EBC), Arbaz, Switzerland. www.european-biochar.org/en/download Version 9.2E of 2nd December2020

EM e.V, Gesellschaft zur Förderung regenerativer Mikroorganismen: **Tabelle C/N-Verhältnis,** EM-Journal 16, Ausgabe Mai 2006

Gerald Dunst: **Kompostierung und Erdenherstellung,** Sonnenerde – Gerald Dunst Kulturerden GmbH

Natalie Faßmann: **Auf gute Nachbarschaft,** pala-verlag

Natalie Faßmann: **Das Indianerbeet,** pala-verlag

FiBL (Hrsg.): **Grundlagen zur Bodenfruchtbarkeit,** Eidgenössische Forschungsanstalt Wädenswil, Forschungsinstitut für biologischen Landbau

Masanobu Fukuoka: **Der Große Weg hat kein Tor,** pala-verlag

Bruno Glaser und Jago Birk: **State of the scientific knowledge on properties and genesis of Anthropogenic Dark Earths in Central Amazonia (terra preta de Índio),** Geochimica et Cosmochimica Acta, Volume 82, April 2012, Seite 39-51

Dettmer Grünefeld: **Das Mulchbuch,** pala-verlag

Teruo Higa: **Effektive Mikroorganismen (EM),** Organischer Landbau-Verlag

Brigitte Kleinod: **Das Hochbeet,** pala-verlag

Institute for Carbon Strategies (Hrsg.): **Ithaka – Journal für Terroir, Biodiversität und Klimafarming,** www.ithaka-journal.net

Kathrin Ollendorf: **Terra Preta – Entstehungsprozess und ein mögliches Herstellungsverfahren,** Erkenntnisse von unserer Exkursion zu Dr. Jürgen Reckin am 28.4.2012, Download über http://docplayer.org/29530555-Terra-preta-entstehungssprozess-und-ein-moegliches-herstellungsverfahren.html

Jörg S. Pfadenhauer, Frank A. Klötzli: **Vegetation der Erde,** Verlag Springer Spektrum

Andreas Suchantke: **Partnerschaft mit der Natur,** Verlag Urachhaus

Ute Scheub, Heiko Pieplow, Hans-Peter Schmidt: **Terra Preta,** oekom verlag

Ute Scheub, Stefan Schwarzer: **Die Humusrevolution,** oekom verlag

Konstantin Terytze, Robert Wagner (Hrsg.): **Handlungsanleitung – Verwertung von organischen Reststoffen zur Erzeugung fruchtbarer Pflanzenkohlesubstrate und deren Nutzung im Gartenbau,** Shaker Verlag

Wolfgang Zech, Peter Schad, Gerd Hintermaier-Erhard: **Böden der Welt,** Verlag Springer Spektrum

Hilfreiche Adressen

Modellprojekt Urban Farming (TerraBoGa)
Freie Universität Berlin AG Geoökologie
Dr. Robert Wagner
Botanischer Garten Berlin
www.terraboga.de

Non-Water Sanitation e. V.
Eichborndamm 167 G55
13403 Berlin
www.nonwatersanitation.org

Zukunft Pflanzen e. V.
Diaper Cycle
Elbestraße 35
12045 Berlin
www.dycle.org

Goldeimer gGmbH
Neuer Kamp 32
20357 Hamburg
www.goldeimer.de

Technische Universität Hamburg
Institut für Abwasserwirtschaft und Gewässerschutz
Eißendorfer Straße 42
21073 Hamburg
www.tuhh.de/aww/forschung/terra-preta-sanitation.html
www.ruvival.de

BUND Kreisgruppe Region Hannover
Goebenstraße 3a
30161 Hannover
www.bund-region-hannover.de
www.universum-kleingarten.de

Permakulturpark am Lebensgarten Steyerberg (PaLS) gGmbH
Ginsterweg 3
31595 Steyerberg
www.permakulturpark.de

Terra Preta Weserbergland GbR
Dr.-Ing. Stephan Martini
Zur Hölle 8
31787 Hameln
www.terra-preta-weserbergland.de

Sagawe & Sohn GbR
Galgenberg 11
31789 Hameln
www.chantico-terrassenofen.de

nowato GmbH
Melemstraße 5
60322 Frankfurt am Main
www.nowato.com

VDLUFA – Verband Deutscher Landwirtschaftlicher Untersuchungs- und Forschungsanstalten e. V
Obere Langgasse 40
67346 Speyer
www.vdlufa.de

Ferme biologique du Bec Hellouin
1, sente du Moulin au Cat
27800 Le Bec Hellouin
Frankreich
www.fermedubec.com

Organisationen und Bezugsquellen für Saatgut

Deutschland

Bioland Hof Jeebel
Biogartenversand
Jeebel 17
29410 Salzwedel OT Jeebel
www.biogartenversand.de

Dreschflegel GbR
In der Aue 31
37213 Witzenhausen
www.dreschflegel-saatgut.de

Bingenheimer Saatgut AG
Kronstraße 24
61209 Echzell
www.bingenheimersaatgut.de

Rieger-Hofmann GmbH
In den Wildblumen 7 – 11
74572 Blaufelden-Raboldshausen
www.rieger-hofmann.de

Sativa Biosaatgut GmbH
Keltenweg 4
79798 Jestetten-Altenburg
www.sativa-biosaatgut.de

Bio-Saatgut Gaby Krautkrämer
Weingartenstraße 58
97252 Frickenhausen am Main
www.bio-saatgut.de

Verein zur Erhaltung der Nutzpflanzenvielfalt e. V
Walburger Straße 2
37213 Witzenhausen
www.nutzpflanzenvielfalt.de

Österreich

Verein Arche Noah
Obere Straße 40
3553 Schiltern
www.arche-noah.at

Reinsaat KG
3572 St. Leonhard am Hornerwald 69
www.reinsaat.at

Schweiz

ProSpecieRara
Unter Brüglingen 6
4052 Basel
www.prospecierara.ch

Sativa Rheinau AG
Klosterplatz 1
8462 Rheinau
www.sativa-rheinau.ch

Bezugsquellen für Pflanzenkohle und Pflanzenkohle-Substrate

Fachverband Pflanzenkohle e. V.
Distelfeldstraße 15
71229 Leonberg
www.fachverbandpflanzenkohle.org

Bezugsquellen für Effektive Mikroorganismen

TriaTerra
Fritz-Reuter-Straße 20
19376 Groß Pankow
www.triaterra.de

Christoph Fischer GmbH
EM-Chiemgau
Högeringer Straße 25
83071 Stephanskirchen/Högering
www.em-chiemgau.de

Dettmer Grünefeld:
Das Mulchbuch
ISBN: 978-3-89566-218-8

Natalie Faßmann:
Auf gute Nachbarschaft
ISBN: 978-3-89566-257-7

Dr. Ralf Klinger:
Regenwürmer – Helfer im Garten
ISBN: 978-3-89566-282-9

Agnes Pahler:
Das Kompostbuch
ISBN: 978-3-89566-315-4

Graham Bell:
Der Permakultur-Garten
ISBN: 978-3-89566-196-9

Bill Mollison:
Permakultur konkret
ISBN: 978-3-89566-198-3

Masanobu Fukuoka:
Der Große Weg hat kein Tor
ISBN: 978-3-89566-206-5

Helen und Scott Nearing:
Ein gutes Leben leben
ISBN: 978-3-89566-207-2

Praxiswissen für die Selbstversorgung

Brigitte Kleinod:
Das Hochbeet
ISBN: 978-3-89566-261-4

Natalie Faßmann:
Das Indianerbeet
ISBN: 978-3-89566-351-2

Ulrike Aufderheide
und Edwin Schröter:
Workshop Korbflechten
ISBN: 978-3-89566-369-7

Jutta Grimm:
Magisch fix
ISBN: 978-3-89566-373-4